Teneriffa

von Nele-Marie Brüdgam

10 ADAC Top Tipps

Das müssen Sie gesehen haben! Die zehn Top Tipps bringen Sie zu den absoluten Highlights.

25 ADAC Empfehlungen

Unterwegs gut beraten: Diese 25 ausgesuchten Empfehlungen machen Ihren Urlaub perfekt.

Preise für ein DZ mit Frühstück:
€ | bis 100 €
€€ | bis 150 €
€€€ | ab 150 €

Preise für ein Hauptgericht:
€ | bis 12 €
€€ | bis 20 €
€€€ | ab 20 €

Intro

ADAC Quickfinder

Hier finden Sie die Orte, Sehenswürdigkeiten und Attraktionen, die perfekt zu Ihnen passen.

Unterwegs

Service

Alle wichtigen reisepraktischen Informationen – von der Anreise über Notrufnummern bis hin zu den Zollbestimmungen.

Zu diesen Orten und Sehenswürdigkeiten finden Sie Detailkarten im Innenteil des Reiseführers.

Umschlag:

ADAC Top Tipps: Vordere Umschlagklappe, innen 1
ADAC Empfehlungen: Hintere Umschlagklappe, innen 2

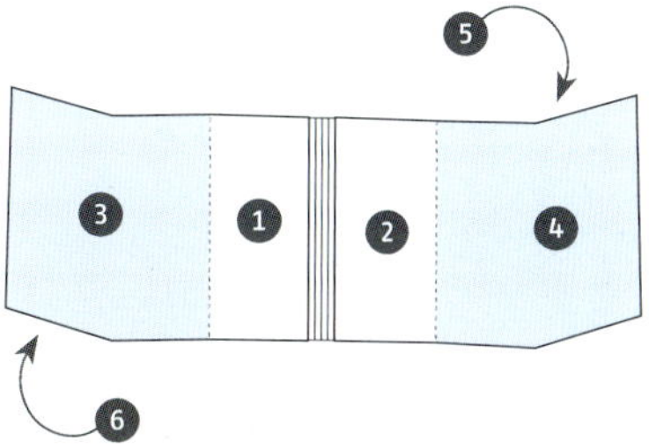

Übersichtskarte Teneriffa: Vordere Umschlagklappe, innen 3
Übersichtskarte Der Süden: Hintere Umschlagklappe, innen 4

Stadtplan Santa Cruz de Tenerife: Hintere Umschlagklappe, außen 5
Ein Tag in Santa Cruz: Vordere Umschlagklappe, außen 6

Teneriffa, was ist dein Geheimnis?

Was macht den Zauber der Insel aus, warum lieben sie so viele Menschen? Der Versuch einer Erklärung …

Der Besuch der Vulkanlandschaft rund um den Teide ist ein unvergessliches Erlebnis

Vielleicht sind es die Farben der Erde und Vulkangesteine, mal dunkelgrau, mal rötlich, lila, beige oder gelblich. Dazu die Formen, kleine Vulkankegel hier und da, erkaltete Lavaströme – wie Standbilder schwarzer, wilder Flüsse. Plötzlich auftauchende massive Felswände. Und vereinzelte Felsnadeln, die aus den Ebenen ragen wie erhobene Zeigefinger. Über alledem erhebt sich der Teide, mit 3718 m der höchste Berg Spaniens und aller atlantischen Inseln. Selbst wenn wenige Kilometer entfernt die Menschen in der Sonne braten, ist sein Gipfel oft schneebedeckt. So sieht es aus im Teide-Nationalpark im Zentrum Teneriffas – und, ja, vielleicht ist es diese Landschaft, die den ureigenen Zauber der Insel ausmacht. Über eine Fläche von 190 km^2 breitet sich der Nationalpark im Landesinneren von

Teneriffa aus. Die meisten Urlauber kommen einmal hierher, viele von ihnen nehmen die Seilbahn auf den Teide, manche wandern auf einem der 20 gut ausgebauten Wege im Nationalpark. Oder sie fahren einfach mit dem Auto herum, von Aussichtspunkt zu Aussichtspunkt durch die fantastische Natur. Schon Alexander von Humboldt,

der im Jahr 1799 eine Woche auf Teneriffa verbrachte und den Gipfel des Teide erklomm, war fasziniert von den Landschaftsbildern.

Vielleicht aber sind es auch die dichten alten Nebelwälder, die die einsamen Gebirgsregionen der Insel bedecken? Oder die alten Dörfer und Städtchen mit ihren farbenfrohen Häusern? Vielleicht ist es auch das ganz moderne Teneriffa mit seinen vielen Luxushotels? Wer weiß es schon, was das Geheimnis dieser Insel ist – was sie so einzigartig macht, zum Sehnsuchtsziel so vieler Menschen?

Große, reiche Insel

Zwar ist Teneriffa die größte aller Kanarischen Inseln, aber mit 2034 km² beinahe nur halb so groß wie Mallorca. Dennoch vereint sich hier ein enormer landschaftlicher und kultureller Reichtum. 48 % der Inselfläche stehen unter Naturschutz, der Nationalpark ist Weltnaturerbe. Das Anaga-Gebirge im Norden: UNESCO-Biosphärenreservat. Die Stadt La Laguna: UNESCO-Welt-

Hoch über den Wolken in der Gipfelregion des Teide (unten) – Terrassencafés in der Altstadt von Santa Cruz (ganz unten)

Exotische Pflanzenpracht im Parque García Sanabria in Santa Cruz (oben) – Schwarzer Sand an der Playa Jardín (Mitte) – In einer Bananenplantage (unten)

kulturerbe. Und die Hauptstadt Santa Cruz hat mehr als 200 000 Einwohner und alles, was eine moderne spanische Metropole ausmacht: ein Konzert- und Opernhaus, Museen, Kunstgalerien, grüne Parks, viel Gastronomie, prächtige Plätze, eine Shoppingmeile …

Viele Urlauber, die in den dicht bebauten Hotelsiedlungen an künstlichen Sandstränden im Süden Teneriffas wohnen, ahnen von alledem kaum etwas. Vielleicht ahnen sie nicht einmal, wie schlimm die Küstenregion teilweise aus der Ferne aussieht, vor allem, wenn man von Costa Adeje Richtung Süden blickt: ein Meer wenig ansehnlicher Hotelhochhäuser. Wobei auch diese Seite der Insel ihre ganz besonders schönen Facetten hat, etwa die Uferpromenade, weitab vom Straßenverkehr und an die 10 km lang.

Von der Sonne verwöhnt

Alle natürlichen Strände der Insel haben grauen bis fast schwarzen Sand, die meisten sind recht klein und finden sich, umgeben von dramatischen Steilküsten, überwiegend im Norden und Osten Teneriffas. Dass das touristische Zentrum an der Südküste entstand, mit Orten wie Los Cristianos, Playa de las Américas oder Costa Adeje, liegt am Klima. Im Süden scheint fast immer die Sonne, sodass hier kaum Landwirtschaft möglich ist und reichlich Platz für Touristen bleibt, die die pralle Sonne lieben. Über dem Norden und Osten hingegen hängen oft dichte Wolken, die für reiche Erträge auf Weingütern und Bananenplantagen sorgen – und die tinerfenischen Wälder saftig grün gedeihen lassen. In diesen Regionen fühlen sich Wanderer und andere Aktivurlauber am wohlsten. Allerdings befindet sich im Nordosten, nahe der Hauptstadt Santa Cruz, auch ein ganz besonderer Strand – ja, vielleicht sogar der allerschönste: Die Playa de las Teresitas ist 1300 m lang, sehr breit, sie hat goldfarbenen, sauberen Wüstensand (aus der Sahara importiert), künstliche Wellenbrecher, viele Palmen und alles, was an Annehmlichkeiten sonst noch so vorstellbar ist: Duschen, Sonnenliegen, genug Parkplätze … Ausländische Touristen kommen kaum, dafür umso

» Ich kann diesen Anblick nur mit den Golfen von Genua und Neapel vergleichen, aber das Orotava-Tal übertrifft sie bei weitem durch seine Ausmaße und die Reichhaltigkeit seiner Vegetation. «

Alexander von Humboldt

mehr Ausflügler aus Santa Cruz. Und zwar vor allem im Sommer: Dann ist auch hier der Himmel oft wolkenlos.

Gerade wegen des milden Klimas wählten die Engländer, die Teneriffa vor gut 100 Jahren als Urlaubsinsel entdeckten, Puerto de la Cruz an der Nordküste zu ihrem Lieblingsreiseziel. Noch heute

Bunte Fischerboote am Traumstrand Playa de las Teresitas bei San Andrés

mischen sich Tourismus und spanischer Alltag auf charmante Weise in der Stadt, sie hat 30 000 Einwohner und rund 23 000 Gästebetten. Und dazu eine einzigartige Strandlandschaft: Der Künstler César Manrique, der auf Lanzarote geboren wurde und lebte, gestaltete die Playa Jardín mit feinem dunklen Sand, Promenaden auf mehreren Ebenen, Kaktusgärten und einem Wasserfall.
Wer Ruhe und pure Natur bevorzugt, findet sein Paradies im stark zerklüfteten Anaga-Gebirge, an dessen Hängen dichter, wertvoller Urwald wächst, Millionen Jahre alt. Ähnlich ist das Landschaftsbild im Teno-Gebirge im Nordwesten. Wer quirliges Großstadtleben bevorzugt, kann in Santa Cruz in den echt tinerfenischen Alltag eintauchen. Wer Wassersport treiben möchte, hat eine riesige Auswahl, von Windsurfen und Wellenreiten über Kajakfahren und Stand Up Paddling bis hin zum Tauchen. Sogar das Apnoetauchen kann man gleich an mehreren Standorten erlernen oder verfeinern – die Variante des Tauchens, bei der man minutenlang mit einem Atemzug unter Wasser bleibt, galt lange als Extremsport, jetzt entwickelt sie sich zum Breitensport, und Teneriffa ist ganz vorne mit dabei.

Unfassbar vielseitig

Falls man sich ein Essen in einem richtig feinen Gourmetlokal gönnen will: Kein Problem, Teneriffa hat so einige davon. Es ist auch die einzige Kanarische Insel mit Sterne-Restaurants, fünf Adressen haben die Tester vom Guide Michelin ausgezeichnet. Hervorragende Weine produzieren viele Winzer auf der Insel. Golfspieler können auf acht großen, schönen Plätzen ihre Runden drehen. Auf Bootsausflügen sind Del-

Bereits Ende des 19. Jh. kamen die ersten Kurgäste nach Puerto de la Cruz

fine und sogar Wale zu erleben. Und was könnte man sich noch wünschen in einem Inselurlaub? Das meiste davon dürfte auf Teneriffa wahr werden. Wer sich nicht für eine Urlaubsvariante entscheiden möchte, kann hier an nur einem Tag Hochgebirge und Lavawüsten erleben, im Meer baden und abends in die Oper gehen. Am nächsten Tag kann er im Urwald wandern, durch Weinberge schlendern und durch charmante Dörfer spazieren. Am dritten Tag wird er vielleicht vormittags einen Bauernmarkt besuchen, nachmittags edle Designerkleidung kaufen und abends ein Guinness-Bier trinken und Livemusik in einem sehr britischen Pub hören. Und so geht es, wenn man möchte, Tag für Tag weiter. Und vielleicht ist es genau dies: diese unfassbare Vielfalt auf kleinem Raum, die Teneriffa wirklich einzigartig macht.

Hauptstadt *Santa Cruz de Tenerife (205 000 Einw.)*

Sprache *Spanisch*

Währung *Euro*

Staatsform *Parlamentarische Monarchie*

Verwaltung *Die Insel bildet gemeinsam mit La Gomera, La Palma und El Hierro die spanische Provinz Santa Cruz de Tenerife.*

Fläche *2034 km² (etwas kleiner als das Saarland)*

Einwohner *905 000*

Tourismus *Über 5 Mio. Touristen jährlich, Tendenz steigend. Die meisten sind Briten, gefolgt von Spaniern und Deutschen.*

Religion *Überwiegend römisch-katholisch*

Darauf sind die Tinerfeños besonders stolz *Die Guanchen, die sich nach heldenhaften Kämpfen als letzte Ureinwohner der Kanarischen Inseln den Konquistadoren ergaben*

Das lieben alle Tinerfeños *Den Karneval*

Darin ist Teneriffa Weltklasse *Beste Konditionen für astrophysische Beobachtungen auf der Nordhalbkugel (zusammen mit der Nachbarinsel La Palma und Hawaii)*

Das will ich erleben

Den größten Ruhm genießt Teneriffa wegen des Vulkans Teide, die meisten Touristen kommen wegen des sonnigen Wetters und der Strände im Süden. Wer die Insel wirklich kennenlernen möchte, braucht Zeit – und erlebt eine überwältigende Vielfalt: sagenhafte Wälder, ein breites Angebot anspruchsvoller und unterhaltsamer Kunst und Konzerte, edle Shoppingtempel, kulinarische Hochgenüsse, entzückende Dörfer und noch viel, viel mehr.

Strände für jeden Geschmack

Teneriffa hat nicht »DEN Traumstrand«, dafür aber fast jede erdenkliche Art von Stränden: klein und verborgen, wild-natürlich, es gibt lebhafte Treffpunkte für Sport und Spiel, dunkle Strände, helle Strände ... Zu den schönsten gehören zweifellos diese:

Sensationelle Ausblicke

Die »Miradores« könnten ein Thema für eine ganze Reise sein. Zwei Wochen lang jeden Tag zwei bis drei Aussichtspunkte, danach ist die Seele bereichert und der Geist erholt. Die spektakulärsten befinden sich im Gebirge, im Macizo de Anaga oder natürlich auf dem Teide, doch auch anderswo sind die Weitblicke berauschend.

Weltweit einzigartige Natur

Der Superlativ mag etwas übertrieben klingen, doch er beschreibt genau das, was auf Teneriffa anzutreffen ist: Gebirge, Wälder und Vulkanlandschaften, wie sie rund um den Globus sonst nirgendwo zu finden sind.

6 **Macizo de Anaga** 46
Zerklüftetes Gebirge mit dichtem Lorbeerwald

20 **Macizo de Teno** 87
Steile Hänge, Vulkanfelsen und tiefe Schluchten

38 **Parque Nacional del Teide** 114
Nationalpark mit dem höchsten Berg Spaniens

Die Erde und das All begreifen

Die natürliche Umwelt ist ungewöhnlich auf Teneriffa, sei es in Bezug auf den vulkanischen Ursprung der Insel, die Tierwelten oder die genialen Bedingungen für Sternenbeobachtungen. In Ausstellungen, auf Ausflügen und Führungen erhalten Besucher interessante Einblicke.

21 **Centro de Visitantes Chinyero** 89
Vulkanologisches Infozentrum in Santiago del Teide

29 **Atlantic Eco Experience** 103
Zur Wal- und Delfinbeobachtung ab Puerto Colón

38 **Observatorio Astrofísico del Teide** 116
Astrophysische Station mit über 60 Teleskopen

Kunst und Konzerte auf hohem Niveau

Allein die Großstadt Santa Cruz hat zwei bedeutende Kunstmuseen und ein großes Opern- und Konzerthaus. Hinzu kommen Galerien, Museen und Veranstaltungszentren in Dörfern und kleinen Städten – wer Kulturerlebnisse sucht, kann an jedem Tag seines Urlaubs eines finden. Auch wenn man drei Wochen bleibt.

1 **TEA – Tenerife Espacio de las Artes** 24
Kunstvolle Architektur, internationale Ausstellungen

1 **Auditorio de Tenerife** 25
Hochkarätige Konzerte im extravaganten Gebäude (Bild)

1 **Museo de Bellas Artes** 27
Kanarische und iberische Kunst des 19. bis 21. Jh.

2 **Fundación Cristino de Vera** 37
Kanarische Kunst und Gratiskonzerte in La Laguna

Geheimnisvolle Orte und Stunden

Ein unterirdisches Vulkanlabyrinth. Pyramiden, von denen niemand weiß, wie sie entstanden. Tief schwarze, sternenfunkelnde Nächte. Und das wundervolle Licht im dichten Nebelwald: So zauberhaft kann Teneriffa sein.

Kulinarische Genüsse

Die traditionelle Küche ist sehr einfach, und sie kann köstlich schmecken. Es heißt also: gewusst wo! Immer mehr Köche kombinieren traditionelle Speisen mit neuen Ideen. Und: Dies ist die einzige Kanareninsel, auf der Restaurants mit Michelin-Sternen bekrönt sind, und zwar gleich vier!

Dörfer für Entdecker

Teneriffas Städte wie Santa Cruz, Puerto de la Cruz oder La Laguna sind bekannt und beliebt – ebenso die Touristenzentren im Inselsüden. Doch auch wer kleine Orte mit viel Flair entdecken möchte, wird finden, was er sucht.

Geschichte und Geschichten

Wie lebten die Ureinwohner auf Teneriffa? Wie eroberten die Spanier die Insel? Wie entwickelten sich die Traditionen, die Landwirtschaft und schließlich der Tourismus? Museen und historische Gebäude geben Antworten.

Grüne und blühende Kunstwerke

Botanik und Gartenarchitektur spielen wichtige Rollen auf der Insel. Dank des besonderen Klimas gedeiht hier vieles prächtig. Und die zahlreichen Briten, die auf Teneriffa lebten oder leben, haben ihre Liebe für Gärten mitgebracht.

Märkte, Mode, Einkaufsparadiese

Riesige Shoppingmalls, mal exklusiv, mal für Normalverdiener. Kunsthandwerksläden und Markthallen für Lebensmittel: Wer den Urlaub zum Einkaufen nutzen möchte, findet auf Teneriffa ziemlich sicher die richtige Adresse.

Unterwegs

Farben, die Lebensfreude vermitteln. Klarer Himmel, weite Blicke. Und viele Gelegenheiten, im Meer zu baden. Wie in Puerto de Santiago ist es überall auf der Insel: Teneriffa macht gute Laune.

Santa Cruz und der Osten

Inselhighlights dicht an dicht: die Metropole Santa Cruz, die Universitätsstadt La Laguna und das Anaga-Gebirge

Fast nahtlos gehen Santa Cruz und La Laguna ineinander über – hier die moderne, quirlige Inselhauptstadt, dort die Universitätsstadt, reich an historischer Architektur. Den nordöstlichen Zipfel der Insel nimmt in weiten Teilen das Anaga-Gebirge ein. Das UNESCO-Biosphärenreservat ist eine kaum besiedelte, zerklüftete Felslandschaft mit wertvollem Lorbeerwald und wunderbaren Naturstränden.

Das Gebiet südlich von Santa Cruz hat wenig kulturelle oder touristische Bedeutung – hält aber ein paar Schätze für Entdecker bereit, darunter die geheimnisvolle archäologische Stätte der Pirámides de Güímar.

In diesem Kapitel:

ADAC Top Tipps:

1 Santa Cruz de Tenerife
| Hauptstadt |
Die Stadt hat alles, was eine spanische Metropole ausmacht: Konzerthaus, Museen, Galerien, Shoppingmeile … Hier taucht man in den echt tinerfenischen Alltag ein. 18

2 Conjunto histórico, La Laguna
| Altstadt |
Das historische Zentrum der Stadt gehört zum UNESCO-Weltkulturerbe, wirkt aber keineswegs museal: Studenten sorgen für viel Lebendigkeit in der Universitätsstadt. 33

3 Cruz del Carmen
| Landschaft |
Besucherzentrum, Aussichtsplattform und Startpunkt vieler Wanderwege: Hier liegt der touristische Mittelpunkt des schönen Anaga-Gebirges. 46

4 **Pirámides de Güímar**
| Ausgrabungsstätte |
Von den rätselhaften Stufenpyramiden kennt man weder das Alter noch die einstige Bedeutung. Ein Museum widmet sich dem Phänomen und zeigt Parallelen zu anderen Kultstätten in aller Welt. 56

ADAC Empfehlungen:

1 **Museo de la Naturaleza y el Hombre, Santa Cruz**
| Wissenschaftsmuseum |
Das Museum vermittelt anschaulich die Entstehung, Natur, Geschichte und Kultur der Insel. 24

2 **Mercado Nuestra Señora de África, Santa Cruz**
| Markt |
Das Marktgebäude präsentiert sich mit einer außergewöhnlich verspielten Architektur, vielen Köstlichkeiten und einem kunterbunten Sortiment. 25

3 **La Oliva del Toscal, Santa Cruz**
| Restaurant |
Kreative spanisch-internationale Küche: Tapas, aber auch komplette Gerichte im romantischen Restaurant. 29

4 **Karneval, Santa Cruz**
| Event |
Eines der größten Volksfeste in ganz Spanien – Musik, Kostüme und pure Lebensfreude. 30

5 **Bodegas Monje, El Sauzal**
| Weingut |
Geführte Rundgänge ermöglichen Einblicke in das Winzerhandwerk einer Familie – und einer Insel. 43

2

6 **Mirador del Pico del Inglés**
| Aussichtspunkt |
Spektakulärer Rundblick über tiefe Schluchten, Felsen, Städte, den Teide-Gipfel und eine Nachbarinsel. 48

7 **Playa de las Teresitas, San Andrés**
| Strand |
Heller Sand aus der Sahara, Palmen, ruhiges Wasser: einer der schönsten Strände der Insel. 53

8 **Fiesta de la Virgen de la Candelaria, Candelaria**
| Religiöses Fest |
Das Fest der Schutzheiligen aller Kanaren – mit Prozessionen, katholischen Messen und viel Party. 55

9 **Occidental Santa Cruz Contemporáneo, Santa Cruz**
| Hotel |
Zentrale Lage, viel Komfort, günstiger Preis – das Business-Hotel ist auch für Touristen gut geeignet. 58

1 Santa Cruz de Tenerife

Großstadtleben fernab vom Tourismus

Seit 2008 bildet ein kreisrunder künstlicher See den Mittelpunkt der Plaza de España

Information

- Plaza de España, Tel. 922892903, www.elcorazondetenerife.com, Mo–Fr 9–17, Sa, So 9–14 Uhr
- Parken siehe S. 29

1 *Authentisch, fröhlich und bisweilen ein bisschen rau*

Gut 200 000 Menschen leben in der Inselhauptstadt, und wer in sie eintaucht, kann leicht vergessen, dass er sich auf einer Ferieninsel befindet. Santa Cruz wirkt wie eine ganz normale spanische Großstadt – mit allen schönen Seiten (z. B. viel Gastronomie, viel Lebendigkeit, viele Parkanlagen) und manchen schlechten Seiten (hohe Arbeitslosenquote, ein starkes soziales Gefälle). Kulturell bietet Santa Cruz das komplette Spektrum einer modernen Metropole: Theater, Konzert- und Opernhaus, Museen und Kunstgalerien, ein reges Nachtleben usw. Bis auf das spektakuläre Auditorio de Tenerife verfügt die Stadt jedoch über kein Gebäude, keinen Platz, der überregional von sich reden macht. Man sollte Santa Cruz besser als Ganzes sehen und sich mindestens einen Tag, gern auch mehrere Tage Zeit nehmen, um den Puls der Inselhauptstadt zu fühlen, ihren Geist und Charme zu erfassen.

Plan S. 20/21

Das Zentrum markiert die Plaza de España, im Süden erstreckt sich das Büroviertel. Das Häusermeer endet abrupt im Norden, wo es sich an die Hänge des Anaga-Gebirges schmiegt – ein zauberhafter Anblick. Im Westen geht Santa Cruz nahtlos in die Nachbarstadt La Laguna über. Und im Meer, in den Hafenanlagen und jenseits davon, steht stets eine Reihe von Bohrinseln, die hier repariert und gewartet werden – ein Umstand, den die Stadtbewohner zwar nicht schön anzuschauen finden, der aber dringend benötigte Arbeit und Geld bringt.

Haupteinkaufsstraße ist die Calle del Castillo, an ihr reihen sich überwiegend Filialen bekannter spanischer und internationaler Handelsketten aneinander. Edlere und individuellere Geschäfte finden sich zwischen Plaza del Príncipe und Parque García Sanabria, insbesondere in der Calle del Pilar. Aber generell hat, wer shoppen möchte, in den Einkaufszentren des Inselsüdens wahrscheinlich mehr Erfolg. Der Vorteil von Santa Cruz: An den Einkaufsstraßen gibt es auch jede Menge Cafés, Büros, Wohnungen – man kann also en passant eine kräftige Dosis Stadtflair inhalieren.

Sehenswert

1 Plaza de España

| Platz |

Der zentrale und größte Platz hat nicht die wichtige Funktion wie vergleichbare Plätze in anderen Städten, ist bei der Stadterkundung und zur Orientierung aber ein Muss. Jahrhundertelang galt die am Hafen gelegene Plaza als prächtiges Tor zur Stadt und zur ganzen Insel, im 20. Jh. verkümmerte sie zum häufig verstopften, miefigen Verkehrsknotenpunkt. Seit 2008 erstrahlt sie in neuem Glanz, die Neugestaltung schuf das Schweizer Architekturbüro Herzog & De Meuron (das auch die Allianz Arena in München, die Hamburger Elbphilharmonie und das Pekinger Olympiastadion entwarf) in Zusammenarbeit mit dem tinerfenischen Architekten Virgilio Gutiérrez. Sie ließen einen großen Salzwasserteich anlegen, Bäume pflanzen und Pavillons errichten, die an Lavahöhlen und -tunnel erinnern und deren Dächer dicht be-

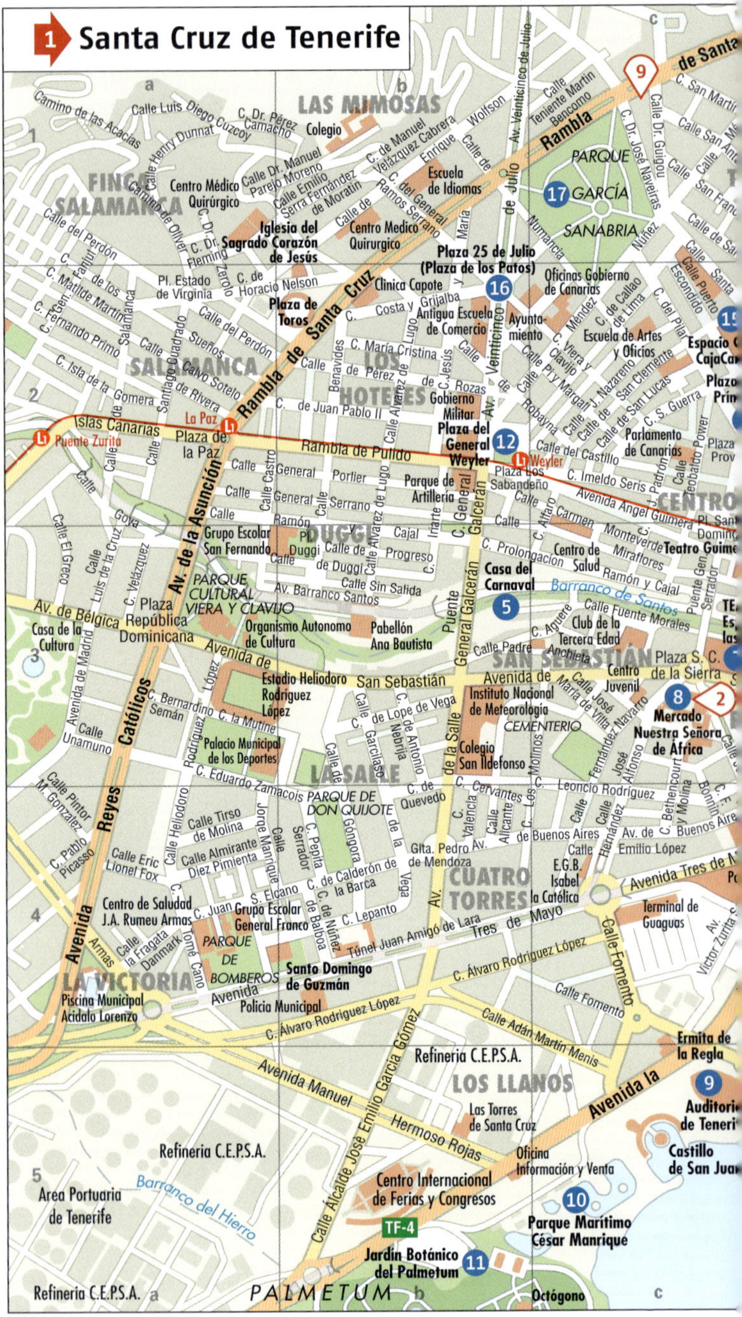
1 Santa Cruz de Tenerife
LAS MIMOSAS
FINCA SALAMANCA
SALAMANCA
LOS HOTELES
DUGGI
LA SALLE
CUATRO TORRES
LA VICTORIA
LOS LLANOS
SAN SEBASTIÁN
CENTRO
PALMETUM
Colegio
Centro Médico Quirúrgico
Iglesia del Sagrado Corazón de Jesús
Escuela de Idiomas
Centro Medico Quirurgico
Plaza 25 de Julio (Plaza de los Patos)
Clínica Capote
Antigua Escuela de Comercio
Ayuntamiento
Oficinas Gobierno de Canarias
Escuela de Artes y Oficios
Espacio Cultural CajaCanarias
Plaza de Toros
Gobierno Militar
Plaza del General Weyler
Parlamento de Canarias
Parque de Artillería
Teatro Guimerá
Centro de Salud
Casa del Carnaval
Club de la Tercera Edad
Centro Juvenil
Mercado Nuestra Señora de África
PARQUE GARCÍA SANABRIA
Rambla de Santa Cruz
Rambla de Pulido
Av. de la Asunción
Avenida Reyes Católicos
Av. de Bélgica
Avenida de San Sebastián
Avenida Tres de Mayo
Avenida Manuel Hermoso Rojas
Avenida la Constitución
Calle Alcalde José Emilio García Gómez
Calle Fomento
Calle Adán Martín Menis
C. Álvaro Rodríguez López
Túnel Juan Amigó de Lara
Av. General Galcerán
Puente General Galcerán
Av. Veinticinco de Julio
Barranco de Santos
Barranco del Hierro
La Paz
Puente Zurita
Weyler
Islas Canarias
Plaza de la Paz
Grupo Escolar San Fernando
PARQUE CULTURAL VIERA Y CLAVIJO
Organismo Autonomo de Cultura
Pabellón Ana Bautista
Plaza República Dominicana
Casa de la Cultura
Estadio Heliodoro Rodríguez López
Palacio Municipal de los Deportes
Instituto Nacional de Meteorología
CEMENTERIO
Colegio San Ildefonso
PARQUE DE DON QUIJOTE
E.G.B. Isabel la Católica
Terminal de Guaguas
Centro de Salud J.A. Rumeu Armas
Grupo Escolar General Franco
PARQUE DE BOMBEROS
Santo Domingo de Guzmán
Policía Municipal
Piscina Municipal Acidalo Lorenzo
Refinería C.E.P.S.A.
Las Torres de Santa Cruz
Ermita de la Regla
Auditorio de Tenerife
Castillo de San Juan
Oficina Información y Venta
Centro Internacional de Ferias y Congresos
Parque Marítimo César Manrique
Jardín Botánico del Palmetum
Octógono
Área Portuaria de Tenerife
TF-4

Museo Historico Militar de Canarias
Edifico de Usos Múltiples I
Dársena Suroeste
Avenida Francisco la Roche
Vía de Servico Muelle Ribera
Glorieta Arquitecto Marrero Regalado
Estación Marítima
TF-4
Túnel Plaza de España
Av. de Francisco la Roche
Biblioteca Municipal
Plaza de España
Castillo San Cristóbal
Plaza de la Candelaria
Hacienda
Marítima
Muelle de Enlace
Plaza de la Iglesia
Fundación
Iglesia de la Concepción
Museo de la Naturaleza y Arqueología
Avenida
Vía de Servico
Dársena
Dársena Sur
Avenida de Francisco la Roche
Dársena de los Llanos
Comercial
ATLANTISCHER OZEAN
Estación Maritima Los Llanos
0
450 m

pflanzt sind. Ein ziemlich scheußliches Denkmal aus frankistischer Zeit ist »all jenen, die für Spanien ihr Leben gaben« gewidmet. Dahinter steht der trutzige Palacio Insular, das Gebäude der Inselregierung aus dem Jahr 1940 mit einem hohen Turm.

2 Castillo San Cristóbal
| Geschichtsmuseum |

Bei den Bauarbeiten zur Neugestaltung der Plaza de España kamen Ruinen dieser Burg aus dem 16. Jh. ans Licht. Einst handelte es sich um eine bedeutende Festung, die u.a. eine wichtige Rolle bei der Verteidigung Teneriffas gegen den englischen Admiral Horatio Nelson und seine Flotte im Jahr 1797 spielte. Die Burg wurde 1928 abgerissen, übrig sind nur wenige unterirdische Reste. Die Räume beherbergen eine Ausstellung über die Geschichte von Santa Cruz. Zu sehen ist auch die Kanone »El Tigre«, einer Legende zufolge wurde mit ihr ebenjener Schuss abgegeben, durch den Admiral Nelson einen Arm verlor.

■ Plaza de España, Tel. 922 28 56 05, Mo–Sa 10–18 Uhr, Eintritt frei

3 Plaza de la Candelaria
| Platz |

Der belebte Platz geht westlich von der Plaza de España ab und wirkt aufgrund seiner lang gestreckten Form wie eine breite Fußgängerstraße. Restaurants und Cafés mit großen Terrassen säumen ihn, hier bekommt man durchgehend von früh bis spät einen unkomplizierten und gar nicht teuren Imbiss, guten Kaffee, Wein oder Bier (die Tinerfeños sind – wie alle Spanier – sehr fleißige Biertrinker). Am westlichen Ende erhebt sich eine Marmorstatue der Virgen de la Candelaria, der Schutzheiligen der Kanarischen Inseln, am anderen Ende ein kleiner Brunnen. Der 1752 errichtete Adelspalast Palacio de Carta, der an den Platz grenzt, ist das wohl bedeutendste Privatgebäude der Stadt und einer der wichtigsten Barockbauten auf Teneriffa. Er verfügt über zwei typisch kanarische Innenhöfe mit Holzgalerien und -säulen.
Seit Ende 2017 beherbergt der Palast eine neue Touristeninformation mit einer Multimedia-Ausstellung über Santa Cruz. Im Lauf des Jahres 2020 soll in dem Gebäude ein neues Museum eröffnet werden: das Museo de Historia de Santa Cruz.

4 Iglesia de la Concepción
| Kirche |

Im Jahr 1500 begannen die spanischen Siedler mit der Errichtung dieses Gotteshauses, seine Fertigstellung zog sich 138 Jahre hin, und schon 1652 fiel das Gebäude einem Brand zum Opfer. Der Wiederaufbau dauerte erneut lange, erst 1768 erhielt die Kirche ihren mehrstöckigen, markanten Turm. Das Innere beeindruckt mit Kassettendecken im Mudéjar-Stil, Marmorsäulen und aufwendigen Dekorationen aus geschnitztem, vergoldeten Holz am Hauptaltar. An einer hinteren Seitenwand der Kirche (rechts vom Eingang) befindet sich ein Holzkreuz aus dem Besitz des Eroberers Alonso Fernández de Lugo. Nach dem Kreuz, das ein Rahmen aus Glas und Silber schützt und ziert, wurde das Gotteshaus zunächst Iglesia de Santa Cruz (Heilig-Kreuz-Kirche) genannt. Somit war es indirekt auch Namensgeber für die Stadt.

■ Plaza de la Iglesia, Messe Mo–Fr 9 und 19.30, Sa 9, 18 und 19.30, So, Fei 9, 11, 12, 13, 18 und 20 Uhr, die Kirche öffnet jeweils 30 Min. vor der Messe

Im Blickpunkt

Restaurante, Tasca, Bar, Cafetería – die kanarische Gastronomie

Restaurants servieren traditionell das Mittagessen zwischen 14 und 16 Uhr, das Abendessen von 20 bis 23 Uhr, wobei in manchen ländlichen Gegenden etwas früher gegessen wird. In Touristenzentren passen sich viele Gastronomen den Gewohnheiten der Gäste an und öffnen früher oder durchgehend von vormittags bis nachts. Zu beiden Hauptmahlzeiten bestellt man üblicherweise mindestens zwei Gänge (Vorspeise und Hauptgericht); meist gibt es vorweg Brot, Mojo-Soße (kanarische Kräuter- oder Paprikasoße mit Öl, vergleichbar dem italienischen Pesto) und/oder andere Kleinigkeiten. Mal muss man sie bestellen, mal kommen sie ungefragt auf den Tisch, berechnet werden sie fast immer, aber in Relation zum Genuss ist der Preis gering.

Fischrestaurants heißen »pescaderías«, daneben gibt es noch viele verschiedene Arten von Speiselokalen: Als »tascas« bezeichnet man Kneipen, die einfache Gerichte anbieten – oder Restaurants mit bodenständiger, traditioneller Küche. Viele Bars oder »cervecerías« (Bierlokale) bieten Tellergerichte oder »tapas« an, also kleine Imbisse wie »tortilla« (Kartoffelomelett), »gambas al ajillo« (Garnelen in Knoblauchsoße) oder »pimientos al padrón« (kleine Paprikaschoten, gebraten und mit grobem Meersalz bestreut). Auch in »gastrobares« bekommt man kleine Speisen, aber diese Lokale verschreiben sich in der Regel der gehobeneren Küche. Viele Tinerfeños verzichten abends auf eine richtige Mahlzeit, stattdessen bummeln sie von Lokal zu Lokal und essen überall eine Kleinigkeit. Paare oder Freundesgruppen teilen sich dabei die bestellten Gerichte – jeder nascht von jedem Teller.

Pizzerias und »hamburgeserías« (Burgerlokale) sind auf Teneriffa beliebt wie in weiten Teilen Europas und nicht, wie manche Urlauber vermuten, reine »Touri-Lokale«. Wer gute, bodenständige Gerichte bevorzugt und typisch spanisch oder kanarisch essen möchte, bezahlt im touristischen Süden und in Puerto de la Cruz ungefähr den eineinhalbfachen Preis wie in der Hauptstadt oder in anderen Teilen der Insel.

5 Casa del Carnaval

| Karnevalmuseum |

Das neue Museum widmet sich dem wichtigsten und größten Volksfest Teneriffas, dem Karneval. Es zeigt Filme, Modelle und Erklärungen zur Kultur und Historie, besonders faszinierend sind die echten Kostüme von Karnevalsköniginnen aus der Vergangenheit und Gegenwart. Dabei handelt es sich nicht nur um prächtige Kleiderentwürfe, sondern um wahre Gesamtkunstwerke, die teilweise eine ganz eigene Geschichte erzählen. Den Besuchern stehen im Museum auch Kleidung und reichhaltiges Make-up zur Verfügung, um sich selbst zu kostümieren.

■ Calle Aguere 17, Tel. 922046020, www.casacarnavalsantacruz.com, tgl. 10–18.30 Uhr, Eintritt frei

ADAC Mobil

Überlandbusse halten am zentralen Busbahnhof Intercambiador nahe dem Auditorio de Tenerife, von dort geht es zu Fuß oder in wenigen Minuten per Taxi zur Plaza de España. **Autofahrer** parken den Wagen am besten gleich in einem der vielen Parkhäuser oder am Hotel (alle auf S. 58 genannten Häuser haben Gästeparkplätze) – und lassen ihn dort bis zur Abreise aus Santa Cruz stehen. In Santa Cruz ist Autofahren anstrengend und auch gar nicht nötig.
Obwohl die Stadt so groß ist, lassen sich alle sehenswerten Viertel gut zu Fuß erreichen. Wenn die Füße müde sind, ist das Taxi die beste (und nicht teure) Alternative. Busse haben in Santa Cruz nur wenige Haltestellen, so fehlt etwa eine Verbindung zwischen Busbahnhof und Plaza de España. Fahrpreis pro Strecke in der Stadt: 1,45 €, Bezahlung beim Fahrer, Fahrpläne: www.titsa.com. Weiter nach La Laguna geht es in etwa 30 Min. mit der Straßenbahnlinie 1, 1,35 € pro Strecke (www.metrotenerife.com).

6 Museo de Naturaleza y Arqueología

| Wissenschaftsmuseum |

1 *Ein Haus zum Verständnis der Insel und ihrer Menschen*

Wie entstanden die Kanaren? Wie ist Teneriffa geologisch und geografisch beschaffen? Wie verhält sich das Klima? Die Pflanzen- und Tierwelt? Wie lebten die Ureinwohner? Wie kamen die Spanier nach Teneriffa? Wie eroberten sie die Insel, wie lebten sie hier in den ersten Jahrhunderten? Dieses Museum gibt einen umfassenden Überblick über die natürlichen und kulturellen Gegebenheiten auf der Insel – lebhaft und gut verständlich, mit vielen Fundstücken, Modellen, Bildern, Beispielen. Allerdings auch mit vielen Texttafeln ausschließlich in spanischer Sprache. Die im Eintrittspreis enthaltenen Audioguides geben die kompletten Informationen nur auf Spanisch, auf Deutsch gibt es kurze Zusammenfassungen. Beliebteste Abteilungen: Physiologie und Medizin der Ureinwohner (mit vielen Guanchen-Schädeln) sowie Bestattungskultur (mit Guanchen-Mumien).

■ Calle Fuente Morales, Tel. 922535816, www.museosdetenerife.org, Di–Sa 9–20, Mo, So 10–17 Uhr, 5 €, Kinder unter 8 Jahren Eintritt frei, Schüler/Studenten 3,50 €

7 TEA – Tenerife Espacio de las Artes

| Kunstgalerie |

Schon der im Jahr 2008 eröffnete Bau selbst ist ein Kunstwerk, verantwortlich für die Architektur war dasselbe Team, das auch bei der Neugestaltung der Plaza de España Regie führte: das Schweizer Büro Herzog & De Meuron mit dem tinerfenischen Architekten Virgilio Gutiérrez. Den vielschichtigen Komplex, in dem auch eine Bibliothek, ein Kino und eine Cafetería untergebracht sind, integrierten sie in einen Hang, die Außenmauern sind aus dunkelgrauem Beton, aus den Dächern ragen Kästchen, die wie Schornsteine aussehen – tatsächlich sind es Oberlichter, die für einen indirekten Tageslichteinfall sorgen. Überhaupt stehen die hellen, luftigen Innenräume im Kontrast zum wuchtigen Äußeren. Der Zutritt zur Galerie erfolgt über einen großen, leeren Hof, sodass Besucher Abstand zur quirligen Stadt gewinnen. Gezeigt werden wechselnde Ausstellungen aktueller internationaler Kunst: Malerei, Grafik, Fotografie, Skulptur und Design. Sowohl die Architektur als auch die Ausstellungen unterstreichen Santa Cruz' Status als echte, weltgewandte Großstadt.

■ Avenida de San Sebastián 10, Tel. 922 84 90 57, www.teatenerife.es, Di–So 10–20 Uhr, 7 €, Kinder und Studenten Eintritt frei

8 Mercado Nuestra Señora de África

| Markt |

2 *Außergewöhnliche Markthalle, kunterbuntes Sortiment*

Das Marktgebäude ist im verspielten, maurisch-andalusischen Stil gestaltet: offene Innenhöfe, von Arkaden gesäumt, darunter befinden sich Läden und Stände für Gewürze, Gemüse, Obst, Wein, Fleisch und Feinkost, Blumen, Asia-Artikel und vieles mehr. Beeindruckend ist die enorme Auswahl an Kartoffelsorten, und sehr preiswert sind Früchte, die auf Teneriffa selbst wachsen (Papayas, Orangen, Kaktusfeigen usw.). Im Untergeschoss befinden sich eine große Halle für Fisch und Meeresfrüchte sowie ein Supermarkt. An einer angrenzenden Straße stehen blaue Buden, in denen es vormittags preisgünstige Haushaltswaren, Kleidung und Krimskrams zu kaufen gibt. Das dem Markt angeschlossene Einkaufszentrum ist dagegen eher trostlos.

■ Markthalle: Calle San Sebastián, www.la-recova.com, Mo–Sa 6–14, So 7–14 Uhr, der Supermarkt und andere Geschäfte sind auch nachmittags und abends geöffnet, Straßenstände Avenida José Manuel Guimerá tgl. 9–14 Uhr

9 Auditorio de Tenerife

| Konzerthaus |

Direkt am Meeresufer und am südlichen Eingang zur Innenstadt steht das 2003 eröffnete Gebäude. Dank der ex-

Der Mercado Nuestra Señora de África ist eine hervorragende Adresse für Lebensmittel

ADAC Mittendrin

Morgens Strand, abends Sinfoniekonzert: Auf diese Idee kommen nur wenige Touristen. Doch der Besuch eines klassischen Konzertes im **Auditorio de Tenerife** lohnt unbedingt, nicht nur wegen der Musik (mit renommierten internationalen Dirigenten und Solisten), sondern auch wegen der Atmosphäre. Hier erlebt man die tinerfenische Gesellschaft von einer besonderen – und besonders authentischen – Seite.

ponierten Lage grüßt es nicht nur Anreisende aus Richtung Süden schon von Weitem, sondern ist auch noch aus weiter Entfernung vom Anaga-Gebirge aus zu sehen. Das schwungvolle Veranstaltungshaus erinnert je nach Betrachtungsweise an ein vom Wind aufgeblähtes Segel, an eine Muschel mit Perle oder auch an rauschende Meereswellen. Der Anblick fasziniert besonders nachts bei kunstvoller Beleuchtung. Das Auditorio gestaltet hat der Stararchitekt Santiago Calatrava aus Valencia, der international insbesondere für seine luftigen Brückenkonstruktionen bekannt ist, aber auch bedeutende Museumsgebäude und Bahnhöfe schuf. Im Auditorio spielt regelmäßig das tinerfenische Sinfonieorchester (Orquesta Sinfónica de Tenerife), zudem finden hier Opern- und Musicalaufführungen statt sowie Konzerte von Klassik über Jazz und Weltmusik bis Pop und Rock.

■ Avenida de la Constitución 1, www.auditoriodetenerife.com, Gebäudeführungen in der Regel Mo–Sa mehrmals tgl., wechselnde Zeiten je nach Veranstaltungen (Anmeldung Tel. 922 56 86 25)

10 Parque Marítimo César Manrique

| Freizeitkomplex |

Die Badelandschaft wurde nach ihrem Gestalter benannt, César Manrique (1919–1992) von der Insel Lanzarote. Sie eröffnete 1995, posthum also, und war das letzte Werk des großartigen Architekten und Künstlers. Der Sport- und Freizeitkomplex umfasst drei Meerwasserschwimmbecken und weite Terrassen mit Sonnenliegen und -schirmen. Inseln, Wasserfälle, Lavafelsen und viel Grün sorgen für ein angenehmes, kunstvolles und erholsames Ambiente.

■ Avenida de la Constitución 5, Tel. 922 22 93 68, https://parquemaritimosantacruz.es, tgl. 10–18, im Sommer 10–19 Uhr, 2,50 €, Kinder 1,50 €

11 Jardín Botánico del Palmetum

| Botanischer Garten |

Auf einem einstigen Müllberg entstand der größte Palmengarten Europas mit Palmen aus aller Welt. Wasserläufe, Teiche und Wasserfälle bringen Dynamik in die Parkanlage, und von den Aussichtspunkten eröffnen sich schöne Blicke auf die Stadt, das Meer und das Anaga-Gebirge.

■ Avenida de la Constitución 5, Tel. 922 22 93 68, https://palmetumtenerife.es, tgl. 10–18 Uhr, 6 €, Kinder 2,80 €

12 Plaza del General Weyler

| Platz |

Der kleine, nicht sehr auffällige Platz wurde 1893 als Kavallerieplatz und Vorplatz des Militärhauptquartiers Capitanía General geschaffen. In seiner Mitte steht ein Marmorbrunnen im Stil der Neorenaissance. Den Kiosk mit großem Terrassencafé nutzen Einheimische gern für eine Shoppingpause.

13 Plaza del Príncipe

| Platz |

Der lauschige Platz ist nicht spektakulär, hat aber eine wichtige Funktion als Treffpunkt, Ruhezone und Zentrum eines Stadtteils mit vielen Geschäften und Cafés. Die Plaza liegt erhöht und ist über Treppen zu erreichen, Bänke stehen unter Schatten spendenden Palmen und alten, knorrigen Lorbeerbäumen. Hier machen Angestellte der umliegenden Büros und Läden eine Zigarettenpause, Mütter stillen ihr Baby, junge Leute schreiben Handy-Nachrichten. Ein Springbrunnen plätschert, Vögel zwitschern, Menschen plaudern im Terrassencafé mit Jugendstilpavillon. Sehenswert (jedoch nicht für Besucher geöffnet) ist der an den Platz grenzende Sitz des Gesellschaftsclubs Círculo de Amistad, Anfang des 20. Jh. erbaut im schwindelerregend verspielten Hochzeitstortenstil.

14 Museo de Bellas Artes

| Kunstmuseum |

Das städtische Museum verfügt über eine reiche Sammlung wertvoller Gemälde und Skulpturen, den Schwerpunkt bildet die spanische und kanarische Malerei des 19. und 20. Jh. Ausgestellt ist jeweils nur eine übersichtliche Auswahl, hinzu kommen wechselnde Schauen zeitgenössischer kanarischer Kunst.

■ Calle José Murphy 27, Tel. 922 24 43 58, Di–Fr 10–20, Sa, So 10–15 Uhr, Eintritt frei

15 Espacio Cultural Caja-Canarias

| Kunstgalerie |

Sehr unterschiedliche, immer hochwertige und kurzweilige Kunstausstellungen präsentiert die Bank CajaCanarias in ihrem Hauptgebäude. Auch

Die Plaza 25 de Julio zieren Bänke mit Keramikfliesen aus den 1920er-Jahren

Konzerte und andere Veranstaltungen sind hier zu erleben.

■ Plaza del Patriotismo 1, Tel. 922 47 11 00, www.cajacanarias.com, Mo–Fr 10–13.30, 17.30–20, Sa 10–13.30 Uhr, Eintritt frei (auch bei Konzerten)

16 Plaza 25 de Julio (Plaza de los Patos)

| Platz |

Der Platz 25 de Julio soll an den 25. Juli 1797 erinnern, an dem Admiral Horatio Nelson nach einem missglückten Stadtbesetzungsversuch in die Flucht geschlagen wurde. Die Einheimischen nennen den kleinen, aber sehr bekannten Platz stets Plaza de los Patos (Platz der Enten), obwohl den zentralen Brunnen außer einer einzigen Entenfigur acht Frösche zieren.

Die Bänke rund um den Platz schmücken kunstvolle andalusische Keramikkacheln, auf denen sich teilweise die Sponsoren der Bänke verewigt haben, darunter ein Fischpökelbetrieb und eine Zigarrenmanufaktur.

17 Parque García Sanabria

| Park |

Die grüne Lunge der Stadt erstreckt sich über 70 000 m² und ist nicht nur Erholungsgebiet, sondern auch ein dicht bepflanzter, saftig grüner botanischer Garten mit mehr als 200 Pflanzenspezies, darunter besonders viele Palmen und Wasserpflanzen. Zugleich dient der Park als Open-Air-Galerie, moderne Skulpturen internationaler Künstler verteilen sich über das gesamte Areal – wie auch entlang des angrenzenden Boulevards Ramblas de Santa Cruz. Im Zentrum des Parks erhebt sich ein großer Brunnen mit einer sehr üppigen weiblichen Statue. Es gibt keine Rasenflächen, aber im Schatten an den breiten Wegen und schmalen Pfaden stehen viele Bänke, auf denen Einheimische und Touristen gern erholsame Siestastunden verbringen.

Wer die Parkanlage aus Richtung Südwesten von der Calle General O'Donell aus betritt, trifft auf eine magisch wirkende, dicht bewachsene Bambusallee, deren Zweige sich zu einem geschlossenen Tunnel neigen. Außerdem gibt es zwei Spielplätze, ein Café sowie eine Bar mit Restaurant.

■ Rund um die Uhr geöffnet

ADAC Mittendrin

Zwischen 14 und 17 Uhr machen viele Angestellte der umliegenden Büros und Läden ihre Mittagspause im **Parque García Sanabria**. Sie holen sich Obst, ein Sandwich oder ein »bocadillo« (belegtes Brötchen) aus einem Café, setzen sich dann auf eine Bank, essen und träumen allein, plaudern mit Kollegen oder telefonieren. Wer sich unter sie mischt, erspürt die authentische Mittagsstimmung der Berufstätigen.

Die Cafetería im Parque García Sanabria ist von dichter Vegetation umgeben

P Parken

Interparking Tiefgarage ■ Plaza de España, www.interparking.es, 2,05 €/Std., 9,95 €/Tag, Plan S. 20/21 d2

Empark Ramón y Cajal Tiefgarage ■ Calle Ramón y Cajal, www.empark.com, 2,20 €/Std., 16,70 €/Tag, Plan S. 20/21 c3

Intercambiador de Santa Cruz ■ Busbahnhof, Mo–Fr 1,50 €/Std., Sa, So 0,75 €/Std., max. 15 €/Tag, Plan S. 20/21 c4

Restaurants

3 € | **La Oliva del Toscal** Sehr gute spanisch-internationale Küche, kreativ und (noch) viel zu preiswert. Wer möchte, isst sich an Tapas satt, aber es gibt auch komplette Gerichte und Menüs. Gemütlich-romantischer Raum, perfekt für Paare. Abends reservieren! ■ Calle San Martín 58, Tel. 677 15 78 47, Mi–Sa mittags und abends, So nur mittags, Plan S. 20/21 d1

€€ | **La Concepción** Junge kanarische Küche, teils nordafrikanische und vegetarische Gerichte. Große Außenfläche, jung-fröhliche Einrichtung drinnen. Viele weitere gute Lokale gibt es in derselben Straße. ■ Calle Antonio Domínguez Alfonso (La Noria) 4, Tel. 922 27 40 62, tgl. außer Mo von mittags bis nachts, Plan S. 20/21 d3

€€ | **Tasca La Rebotica** Rustikales Lokal mit einfacher kanarischer Küche. Sehr schön sitzt man draußen am Vorplatz der Kirche San Francisco. ■ Calle San Francisco 17, Tel. 922 28 53 47, Mo, Mi–Fr mittags und abends, Fr–So durchgehend bis abends, Plan S. 20/21 d2

€€€ | **Kazan** Japanisch essen auf Teneriffa? Ja, unbedingt. Die Speisen haben Spitzenqualität, Gestaltung und Service sind höchst angenehm – zu recht günstigen Preisen. Ein Michelin-Stern. ■ Paseo Milicias de Garachico 1, Local 5 (Edificio Hamilton), Tel. 922 24 55 98, www.restaurantekazan.com, Di–Sa mittags und abends, Mo und So nur mittags, Plan S. 20/21 d2

Cafés

Café Palmelita Niedliches Café an der Einkaufsstraße, antiquarische Einrichtung, gute Kuchen und Torten, Außenplätze. ■ Calle Castillo 9, Tel. 922 15 03 55, www.palmelita.es, tgl. von morgens bis abends, Plan S. 20/21 d2

Cafetería Parque García Sanabria Großes Terrassencafé am Rande des Parks, direkt neben einem Spielplatz. Die kleinen Speisen und Getränke sind zwar nichts Besonderes, aber man sitzt hier sehr schön und kann sich gut unter die Stadtbewohner mischen. ■ Calle Mendez Núñez 50, tgl. von morgens bis nachts, Plan S. 20/21 c1

Pastelaría Díaz Sehr gute Kaffeespezialitäten, große Auswahl an heißen Schokoladen und Tees, sensationelle Kuchen und Torten. Das modern gestaltete Café hat keine Außenplätze. Hier kann man auch tinerfenische Feinkost kaufen, etwa edle Essige oder Mandeln im Gofio-Mantel. ■ Calle Valentín Sanz 37/Plaza del Príncipe, Tel. 922 28 10 21, www.pasteleriadiaz.com, tgl. von morgens bis abends, Plan S. 20/21 c2

Kneipen, Bars und Clubs

Calle Antonio Domínguez Alfonso (»La Noria«) Die von allen nur »La Noria« genannte Fußgängerstraße säumen zahlreiche Restaurants und Bars. An Donnerstag- bis Samstagabenden wandelt sie sich zur Ausgehzone; auch draußen, auf den Terrassen, ist dann viel los. ■ Plan S. 20/21 c/d3

Strasse Park Tagsüber ein Open-Air-Café und -Restaurant, abends und nachts (an Wochenenden) eines der typischen spanischen Lokale, in denen ganz unterschiedliche Menschen – junge und alte Paare, Freundesgruppen, Familien mit Kindern – gemeinsam trinken, lachen, flirten, sich köstlich (und lautstark) amüsieren. Die Terrassen der Bar ragen auf zwei Ebenen in den Park hinein. ■ Rambla de Santa Cruz (am Rand des Parque García Sanabria), Tel. 922106582, www.strassepark.com, Mo–Mi, So 9–24, Do–Sa 9–2 Uhr, Plan S. 20/21 c1

Einkaufen

Artenerife In einem Pavillon auf der Plaza de España verkauft eine öffentlich geförderte Initiative für lokales Kunsthandwerk ihre Produkte. Es stammt also alles garantiert von der Insel. Die Qualität ist hoch, das Design geschmackvoll, das Sortiment klein – es umfasst u. a. Keramik, Korbwaren und Schmuck. ■ Avenida Marítima 128, http://artenerife.com, Mo–Fr 10–14, 15–18, Sa 10–14 Uhr, Plan S. 20/21 d2

El Corte Inglés DIE spanische Kaufhauskette ist mit nur einem Haus auf Teneriffa vertreten, v. a. Produkte renommierter Labels, nicht ganz billig. Das Angebot umfasst neben Modeartikeln auch Haushaltsgeräte, Möbel, Spiel- und Schreibwaren, Kameras, Computer u. v. m. ■ Avenida Tres de Mayo 7, Tel. 922849400, www.elcorteingles.es, Mo–Sa 9.30–21.30 Uhr, Plan S. 20/21 c4

Events

4 **Karneval** Der Karneval in Santa Cruz ist eines der wichtigsten Volksfeste Spaniens, und er gilt als das

Im Blickpunkt

Salsa, Samba und brennende Sardinen

Schon die ersten spanischen Siedler feierten Karneval auf den Kanarischen Inseln, seither ist das Fest hier nicht mehr wegzudenken – insbesondere nicht auf Teneriffa. Das Karnevalsverbot des Diktators Franco umgingen die Inselbewohner, indem sie »Winterfeste« veranstalteten. Heimgekehrte Tinerfeños, deren Familien nach Amerika ausgewandert waren, brachten schließlich die karibisch-lateinamerikanische Karnevalskultur auf die Insel.

Es gibt zwei Arten von Karnevalsgruppen auf Teneriffa: »Murgas« tragen satirische Lieder vor, die sich auf Politik und Gesellschaft beziehen. »Comparsas« sind Musik-, Tanz- und Gesangsgruppen, mit Samba, Salsa, Merengue und schillernder Garderobe verbreiten sie lateinamerikanisches Flair.

Mit dem »Begräbnis der Sardine« endet der Partymarathon. Die Karnevalsgemeinde legt ihre Verkleidung ab und hüllt sich in Trauergewänder. Begleitet von lautem Wehklagen wird ein riesenhafter Fisch aus Pappe verbrannt.

In Santa Cruz finden Umzüge und Partys an den traditionellen Tagen rund um Rosenmontag statt. Im Süden der Insel sowie in kleineren Städten und Dörfern feiert man an anderen Terminen. Wer möchte, kann also viele Wochen am Stück den Karneval genießen.

Der Karneval markiert in Santa Cruz den Höhepunkt im jährlichen Festkalender

zweitgrößte Fest seiner Art weltweit – nach Rio de Janeiro. Die Feierlichkeiten auf Teneriffa sind aber weitaus weniger kommerziell und auch weniger gefährlich als in Brasilien. In Santa Cruz feiert wirklich die ganze Stadt, vom Kind bis zum Greis, alle verkleiden sich und machen mit bei den Umzügen und den Partys auf fast allen Straßen und Plätzen. Überall sorgen Orchester, Bands und DJs für Musik, auch der Bürgermeister und Vorstandsvorsitzende wichtiger Unternehmen tanzen – die Männer besonders gern in Frauenkleidern. Wichtigste Termine: die Wahl der Karnevalskönigin am Mittwoch vor Rosenmontag (wird landesweit im TV übertragen); erster großer Umzug mit Karnevalskönigin und allen Kandidatinnen am Freitag; »Ritmo y Harmonía« (Wettbewerb der Karnevalsvereine) am Samstag, anschließend Party in der ganzen Stadt; großer Abschlussumzug am Dienstag; Karnevalsende mit Trauerumzug am Aschermittwoch. ■ Alljährlich vom Mittwoch vor Rosenmontag bis Aschermittwoch, http://carnavaldetenerife.com

In der Umgebung

Centro Comercial Añaza Carrefour

| Einkaufszentrum |

Wer im Urlaub in Ruhe shoppen möchte, ohne Wert auf lokale Produkte oder ungewöhnliche Entdeckungen zu legen, ist hier richtig. In der riesigen Shopping Mall findet man bekannte Modegeschäfte, Wohndesign, Sonnenbrillenläden, Parfümerien, Sportausstatter und, und, und. Plus: Gastronomie, ein großer Supermarkt, 2000 kostenlose Parkplätze. Hier kaufen hauptsächlich Einheimische ein, fast keine Touristen. Somit bekommt man einen tiefen Einblick in die tinerfenische Alltagskultur.

■ Autopista del Sur, km 5,9 (Urbanización Añaza), www.ccanazacarrefour.com, Mo–Sa 9–22 Uhr

2 La Laguna

Einstige Inselhauptstadt mit perfekt erhaltenem Kern

Blick vom Turm der Kirche Nuestra Señora de la Concepción auf La Laguna

Information

- Calle Obispo Rey Redondo 7, Tel. 922 63 11 94, www.turismodelalaguna.com, Mo–Fr 9–16.30, Juli–Aug. nur bis 15.30 Uhr
- Parken siehe S. 39

Der Stadtplan, den das Touristenbüro kostenlos verteilt, sieht ein bisschen witzig aus: Ein nummerierter Markierungspunkt reiht sich in der Altstadt an den anderen – das wirkt übertrieben, ist es aber nicht. Tatsächlich säumen historische Gebäude aus dem 16. bis 18. Jh. die Straßen dicht an dicht, rund 400 Bauten sind denkmalgeschützt, seit dem Jahr 1999 steht das gesamte Ensemble auf der Liste des UNESCO-Weltkulturerbes (und ist damit die einzige Stätte mit diesem Status auf allen Kanarischen Inseln).

San Cristóbal de la Laguna, so der offizielle Name (den aber niemand im Alltag verwendet) ist die älteste Stadt Teneriffas und war die erste Hauptstadt der Insel. Alonso Fernández de Lugo, Eroberer und Adelantado (Gouverneur), gründete die Stadt im Jahr 1496, sie wurde im Schachbrettmuster angelegt und diente als Vorbild für mehrere Städte Lateinamerikas, darunter Havanna (Kuba), San Juan (Puerto Ri-

Plan
S. 34

co) und Antigua (Guatemala). Das spanische Wort Laguna bedeutet See, benannt wurde die Stadt nach einem großen Regenwasserreservoir in der Nähe – erst im Jahr 1837 wurde der See trockengelegt. Die Stadt befindet sich in einem Hochtal 600 m über dem Meeresspiegel, dadurch ist das Klima angenehm kühl, die Umgebung fruchtbar, und dank der umliegenden Berge waren keine Stadtmauern nötig.

Inselhauptstadt blieb La Laguna bis 1833, bis heute sorgt die Universität nicht nur für Bildung, sondern auch für viel junges, lebendiges Flair. Von den 150 000 Einwohnern sind 25 000 Studenten. Zudem fungiert der Ort als religiöses Zentrum nicht nur für Teneriffa, der hier ansässige Bischof ist auch für die Inseln El Hierro, La Gomera und La Palma zuständig.

Die vielen Sehenswürdigkeiten, v. a. aber die freundliche Atmosphäre im 0,7 km² großen historischen Zentrum machen die Stadt zu einem erlebnisreichen und zugleich entspannenden Ausflugsziel, immer mehr Gäste bleiben inzwischen auch über Nacht. In letzter Zeit haben neue Hotels eröffnet, die Verkehrsverbindungen nach Santa Cruz oder auch zum Wandern ins Anaga-Gebirge sind hervorragend, es gibt keinen Verkehrslärm, dafür eine unendlich scheinende Vielzahl an schönen Cafés und Restaurants.

Sehenswert

1 Conjunto histórico

| Altstadt |

2 *UNESCO-Weltkulturerbe – und ganz viel junges Leben*

Von der Kirche Iglesia Nuestra Señora de la Concepción im Nordwesten bis zur Plaza del Adelantado im Südosten erstreckt sich die Altstadt mit den Hauptstraßen Calle San Agustín, Calle la Carrera und Calle Herradores. Seitdem die UNESCO das Stadtviertel 1999 ins Weltkulturerbe aufnahm, wurden die meisten Straßenabschnitte für den Autoverkehr gesperrt. Es gibt keine Leuchtreklamen, die Möbel der Straßencafés sind aus Holz, alle Sonnenschirme beige und ohne Werbung.

Überall sieht man Studenten miteinander trinken, lernen und flirten. Auffällig

ADAC Mobil

Die Altstadt von **La Laguna** ist weitgehend autofrei, es gibt ausreichend preiswerte Parkplätze, alles ist angenehm zu Fuß zu erreichen, die Distanzen sind gering. Tagesausflügler ab Santa Cruz erreichen La Laguna in einer halben Stunde mit der Straßenbahn (Linie 1). Immer mehr Touristen entscheiden sich für die umgekehrte Variante: Übernachtung in La Laguna, Ausflug nach Santa Cruz.

auch: die Vielzahl an vegetarischen und veganen Restaurants, Yogastudios, »herbolarios« (Kräuterläden) und »ecotiendas« (Bioläden) – die alternative Szene ist quicklebendig inmitten altehrwürdiger Gemäuer. Allerdings wirken die vielen Paläste dank ihrer farbenfrohen Anstriche eher freundlich als Ehrfurcht einflößend. Eindrucksvoll sind sie dennoch, mit ihren mächtigen Portalen, den Holzbalkonen und prachtvollen Innenhöfen.

Wer nur zwei bis drei Stunden in La Laguna bleibt, sollte die Zeit besser für einen Spaziergang nutzen, statt Museen und Kirchen zu besichtigen. An allen wichtigen Gebäuden wurden Infotafeln mit Texten auf Spanisch, Englisch und Deutsch angebracht.

2 Plaza del Adelantado

| Platz |

Der einst wichtigste Platz der Stadt wurde benannt nach dem ersten Adelantado (Gouverneur) Teneriffas, Alonso Fernández de Lugo. Er war Marktplatz, Schauplatz religiöser Feste und anderer Veranstaltungen. Heute hat er an gesellschaftlicher Bedeutung eingebüßt, ist aber ein perfekter Start-

punkt für einen Stadtrundgang. Am Platz versammeln sich auch einige der wichtigsten Gebäude von La Laguna: etwa das Rathaus (Ayuntamiento), das aus insgesamt sechs aneinandergrenzenden Gebäuden besteht, errichtet 1511, mit neoklassischer Hauptfassade von 1822; außerdem der Convento de Santa Catalina de Siena (S. 39), der Adelspalast Palacio de Nava und der moderne Justizpalast (eröffnet 2013). Die Markthalle aus dem 20. Jh. erlitt während der Bauarbeiten am Justizpalast so starke Beschädigungen, dass sie geschlossen werden musste. In der Mitte der Plaza steht ein wertvoller Marmorbrunnen (um 1870).

3 Casa Alvarado Bracamonte

| Historisches Wohnhaus |

Das Haus, das die Touristeninformation beherbergt, gehört zum Rathaus; im ersten Stock hat der Bürgermeister sein Büro. Anders als bei den meisten anderen Gebäuden des Komplexes ist weit mehr als die historische Fassade erhalten geblieben. Álvaro Bracamonte, für den es errichtet wurde, war der erste Generalkapitän der Insel. Das Haus ist ein hervorragendes Beispiel für die Wohnverhältnisse reicher Familien im 17. und 18. Jh. Den zentralen Innenhof umgibt eine Galerie aus kanarischer Kiefer, die Säulen sind teils aus Lavastein gefertigt – ein Zeichen für Wohlstand, denn es war wesentlich aufwendiger, den harten Stein zu verarbeiten als Holz. Von den zwei Treppen wurde die große von der Herrschaft, die kleinere vom Personal genutzt. Im hinteren Bereich um den zweiten Innenhof wurden die Kutschen verwahrt, dort befanden sich auch Stallungen und Arbeitsräume.

■ Calle Obispo Rey Redondo, 7

4 Catedral de Nuestra Señora de los Remedios

| Kirche |

Ab 1515 entstand an dieser Stelle die gleichnamige Kirche, sie wurde 1819 zur Kathedrale aufgewertet. Die aktuelle klassizistische Fassade stammt von 1820, davor wachsen schöne Drachenbäume und riesige Palmen. Das restliche Gebäude wurde Anfang des 20. Jh. errichtet und ist eine der ersten Kirchen Spaniens, die aus Beton gefertigt wurden. Die meisten Kapellen zeigen historisierende Retabeln aus dem 20. Jh. Einer der wichtigsten Schätze befindet sich in der Remedios-Kapelle: der barocke Altaraufsatz (1715), filigran geschnitzt und vergoldet, mit einer

ADAC Spartipp

Für Sparfüchse ist La Laguna ein echtes Highlight: Es gibt täglich kostenlose, sehr gute Stadtführungen auf Deutsch (Anmeldung in der Touristeninformation).
Ein **Kombiticket** ermöglicht die Besichtigung von sechs Sehenswürdigkeiten für insgesamt 7 € (Iglesia Nuestra Señora de la Concepción, Kirchturm La Concepción, Palacio Episcopal, Museo-Monasterio de San Juan Bautista, Kirche des Convento de Santa Catalina de Siena, Iglesia de Santo Domingo). Jede einzelne dieser Sehenswürdigkeiten kostet 2 € Eintritt, wobei der Besuch des Kirchturms von La Concepción jeweils enthalten ist.
Freien Eintritt gewähren die Museen Palacio Lercaro – Museo de Historia y Antropología und Museo de la Ciencia y el Cosmos freitags und samstags von 16 bis 20 Uhr.

Marienfigur, deren Kopf 500 Jahre alt ist, und sieben Gemälden, die Hendrick van Balen zugeschrieben werden, dem Lehrer von Van Dyck. Große Besonderheit in dieser Kirche: Besucher dürfen echte Kerzen entzünden.

■ Plaza de la Catedral, www.lalagunacatedral.com, Mo–Fr 10–20, Sa 10–12.30, 14–17 Uhr, 5 € mit Audioguide, erm. 3,50 €, Kinder frei

5 Iglesia Nuestra Señora de la Concepción

| Kirche |

Die Ursprünge der ältesten Kirche der Stadt gehen auf das frühe 16. Jh. zurück, das aktuelle Gebäude stammt aus dem 18. Jh. Im Inneren beeindrucken die detailreich geschnitzten Holzdecken sowie die Säulen und Bögen aus Lavagestein. Es gibt nur kleine Fenster, sodass eine düster-andächtige Stimmung herrscht. Die Kirche selbst ist äußerlich unscheinbar und hat keine dekorierte Hauptfassade, dafür ist der sechsstöckige Glockenturm umso auffälliger, er gilt als Wahrzeichen der Stadt. Von oben bietet sich ein schöner Ausblick auf das bunte Häusermeer, die vielen Palmen der Stadt und auf die »natürliche Stadtmauer«, die umliegenden Berge.

■ Plaza de la Concepción, Mo 10–14, Di–Fr 10–17 Uhr, 2 € (Kirche und Turm)

6 Ex-Convento de San Agustín

| Kloster |

In ihrem 1504 gegründeten Kloster betrieben die Augustiner ab dem Jahr 1701 das erste Gymnasium aller kanarischen Inseln. Auch nach der Säkularisierung des Gebäudes im 19. Jh. und bis ins 20. Jh. hinein befand sich hier eine angesehene Schule, in der etliche Kanarier lernten, die später zu Ruhm gelangten, darunter der Schriftsteller Benito Pérez Galdós und der Maler Óscar Domínguez.

Der Eingang befindet sich am Fuß des Glockenturms, dahinter liegt ein wunderschöner Kreuzgang mit Kamelienbäumen und anderen Pflanzen. In die Säulen aus rötlichem Stein haben Schüler Namen und Botschaften geritzt. Die Klosterkirche liegt in Ruinen, sie fiel 1964 einem Feuer zum Opfer. Häufig sind in den Räumen des Klosters Kunstausstellungen zu sehen.

■ Calle San Agustín 48, nur bei Ausstellungen geöffnet: Mo–Fr 11–14, 17–20, Sa, So 11–14 Uhr, Eintritt frei

7 Palacio Episcopal (Casa Salazar)

| Bischofspalast |

Das Gebäude wurde im 17. Jh. als Wohnsitz einer adligen Familie errichtet, seit dem 19. Jh. dient es als Bischofssitz. Die sehr fein gearbeiteten Säulen und andere Steinmetzarbeiten an der Fassade sprechen für eine hohe Investition des Bauherren, denn dunkler Vulkanstein ist schwer zu bearbeiten. Besichtigt werden kann auch der Innenhof mit wertvollen Steinmetzarbeiten, einem Brunnen mit einer Marienstatue und einem kleinen Garten. Anders als in den meisten anderen historischen Häusern ist hier sogar die Treppe aus Stein, nicht aus Holz.

■ Calle San Agustín 28, Mo–Fr 10–13.30 Uhr, 2 € (siehe Spartipp, S. 35)

8 Palacio Lercaro – Museo de Historia y Antropología

| Geschichtsmuseum |

Ein reicher italienischer Kaufmann ließ das Gebäude im Jahr 1593 als Wohnsitz für seine Familie errichten. Im pompösen (und öffentlich zugänglichen) Innenhof sind Säulen aus für Teneriffa ungewöhnlich hellem Stein zu bestaunen, den der Bauherr Lercaro wohl auswählte, da er ihn an Marmor erinnerte. Ganz besonders filigran sind hier die geschnitzten Dekorationen der geschlossenen Holzgalerien.

Das Museum für tinerfenische Geschichte, in einem Teil der historischen Räume untergebracht, widmet sich dem Zeitraum von der spanischen Eroberung bis zum 20. Jh. Thematische Schwerpunkte liegen auf der Wirtschaft (von einfacher Landwirtschaft bis zum Tourismus) und auf dem täglichen Leben der Inselbewohner.

■ Calle San Agustín 22, Tel. 922 82 59 49, www.museosdetenerife.org, Di–Sa 9–20, So 10–17 Uhr, 5 €, Kinder frei, freier Eintritt für alle Fr, Sa 16–20 Uhr

9 Fundación Cristino de Vera

| Kunstgalerie |

In einem edlen Wohngebäude aus dem 18. Jh. residiert heute ein gemeinsames Kulturprojekt des in Santa Cruz geborenen Künstlers Cristino de Vera (geb. 1931) und der Bank CajaCanarias. Im Erdgeschoss zeigt die Bank wechselnde Ausstellungen mit Werken kanarischer Künstler, der Schwerpunkt liegt auf der Kunst des 20. Jh. Eine Ausstellung im ersten Stock präsentiert Werke von de Vera, die Schau wird jährlich geändert. Im historischen, überdachten Innenhof finden Konzerte und andere Veranstaltungen statt, der Eintritt ist grundsätzlich frei.

■ Calle San Agustín 18, Tel. 922 26 28 73, www.fundacioncristinodevera.com, www.cajacanarias.com, Mo–Fr 10–14, 17–20, Sa 10–14 Uhr, Eintritt frei

10 Casa Montañés

| Palast |

Der Adelspalast aus dem 18. Jh. beherbergt heute eine Behörde, zu besichtigen sind nur die Fassade und der Innenhof, aber beides ist mehr als ein paar oberflächliche Blicke wert. Das Portal weist aufwendige Steinmetzarbeiten auf, auch die Eingangstür ist reich verziert. Den Hof umgibt eine

Am Ende der Fußgängerzone erhebt sich die Iglesia Nuestra Señora de la Concepción

Das große Radioteleskop auf dem Dach des Museo de la Ciencia y el Cosmos (S. 40)

geschlossene Holzgalerie, der untere Bereich ist mit (zeitgenössischen) Kacheln aus Sevilla verkleidet, Holzsäulen ruhen auf Steinsockeln, in der Mitte steht ein Brunnen. Im zweiten Stock befindet sich, wie in vielen altkanarischen Häusern, ein Getreidespeicher.

■ Calle San Agustín 16, www.consultivodecanarias.org/casa, geöffnet während der Bürozeiten, Eintritt frei

11 Santuario del Cristo de La Laguna

| Kirche |

Die Kirche des Convento de San Francisco beherbergt eine der am meisten verehrten Christusdarstellungen der Stadt, eine Holzskulptur flämischer Herkunft aus dem frühen 16. Jh. Das dazugehörige Kreuz und die Einfassung des Kunstwerks sind komplett aus getriebenem Silber gefertigt, das damals in großen Mengen aus Südamerika herangeschafft wurde.

■ Plaza del Cristo, www.cristodelalaguna.com, tgl. 8–21 Uhr

12 Museo-Monasterio de San Juan Bautista/Museo-Monasterio de Santa Clara

| Museum für religiöse Kunst |

Das am wenigsten bekannte Museum von La Laguna hat eine ganz zauberhafte Atmosphäre. Untergebracht ist es in zahlreichen Räumen des vor wenigen Jahren sanierten Klarissenklosters San Juan Bautista (auch Museum und Kloster Santa Clara genannt) aus dem frühen 18. Jh. In wunderschönen Räumlichkeiten mit alten Holzdecken und -böden sind Skulpturen, Gemälde, Gold- und Silberarbeiten sowie eine Vielzahl anderer Kunstwerke ausgestellt. Für jedes Exponat gibt es viel Raum, auch das Lichtkonzept verstärkt die Wirkung der Arbeiten. Schönstes Element der kleinen Klosterkirche ist die geschnitzte Decke über dem Altarraum. Die Kirche

ist nur während der täglichen Messen um 18 Uhr zugänglich, dann hört man auch den schönen Gesang der Nonnen. Am äußeren Bild des Klosters fällt der Holzaufbau auf einem Turm ins Auge: ein großer vergitterter Holzbalkon, eine Art geschlossene Dachterrasse im maurischen Stil, »ajimez« genannt.
■ Calle Viana 38, Tel. 922 25 72 60, Do–Sa 10–17 Uhr, 3 €, Kinder frei

13 Convento de Santa Catalina de Siena

| Kloster |

In dem im 17. Jh. gegründeten und erbauten Kloster lebten früher über 100 Nonnen in Klausur, heute sind es noch vier. Damit die Schwestern das Treiben an der Plaza del Adelantado verfolgen können, ohne selbst entdeckt zu werden, wurde dem Gebäude ein »ajimez« (vergitterter Holzbalkon) angefügt. Die Klosterkirche steht Besuchern offen, sie hat eine edle Holzdecke und einen silberverzierten Altar. An jedem 15. Februar wird der unverweste Leichnam der 1731 gestorbenen Schwester María ausgestellt.
■ Plaza del Adelantado, Mo 10–14, Di–Fr 10–17 Uhr, 2 € (siehe Spartipp, S. 35)

14 Iglesia de Santo Domingo de Guzmán

| Kirche |

Die Kirche gehört zum einstigen gleichnamigen Kloster, der Gebäudekomplex fällt insbesondere wegen des ungewöhnlichen, zweidimensionalen Glockenturms ins Auge. Das kleine Gotteshaus stammt ursprünglich aus dem 16. Jh., wurde aber vielfach verändert. Im 20. Jh. kamen schließlich großflächige Wandmalereien des kanarischen Künstlers Antonio González Suárez und seines festlandspanischen Kollegen Mariano de Cossío hinzu. Der Besuch geht schnell und lohnt sich am ehesten, wenn man ein Kombiticket besitzt, das den Eintrittspreis beinhaltet (siehe Spartipp S. 35).
■ Calle Santo Domingo, Mo 10–14, Di–Fr 10–17 Uhr, 2 €

P Parken

Aparcamiento Adelantado ■ Nordöstlich angrenzend an die Plaza del Adelantado, kostenlos, Plan S. 34 c2

Parking Las Quinteras ■ Calle Quinteras, 0,60 €/Std., 7,50 €/Tag http://parking.muvisa.com, Plan S. 34 c3

Parking Rodríguez Moure ■ Calle Rodriguez Moure 26, 0,60 €/Std., 7 €/Tag, http://parking.muvisa.com, Plan S. 34 b1

Restaurants

€ | **100 Montaditos** Schlichte Kneipe, spezialisiert auf kleine, köstlich belegte Brote. Spätabends oft voll und lebhaft. Gehört zu einer Kette mit Filialen überall in Spanien. ■ Calle Obispo Rey Redondo 16, Tel. 922 25 30 98, http://spain.100montaditos.com, Mo–Fr 10 Uhr bis nachts, Sa, So 11 Uhr bis nachts, Plan S. 34 b2

€ | **Somos lo que comemos** Vegane Tapas, köstlich und supergünstig, im winzigen Nachbarschaftslokal. Mittagsmenü 6,50 €, ein Glas Wein kostet auch nur 1,50 €. ■ Paseo Aguere 16 , Eingang bei Calle El Juego 14, Tel. 673 75 82 93, Mo–Sa von morgens bis spätabends, Plan S. 34 b3

€€ | **Patio Canario** Iberische und kanarische Küche in einem fast 300 Jahre alten Haus mit schönem Innenhof. ■ Calle Manuel de Ossuna 8, Tel. 922 26 46 57, www.patiocanariolalaguna.com, So–Do mittags und abends, Fr, Sa durchgehend, Plan S. 34 b2

Das Anbaugebiet Tacoronte ist eine bedeutende Weinregion Teneriffas

€€ | Taberna El Remojo Bodenständige, aber nicht derbe kanarische Küche, Inselweine, gemütliches und ruhiges Ambiente. ■ Calle Rodriguez Moure 14, Tel. 822 10 14 17, Di–Sa mittags und abends, So nur mittags, Plan S. 34 b1

€€€ | Nub Ein Italiener und ein Chilene sind die Küchenchefs, sie kombinieren die Spezialitäten ihrer Herkunftsländer mit kanarischer und internationaler Küche. Exzellente Qualität, angemessene Preise, ein Michelin-Stern. ■ Calle Nava y Grimón 18 (im La Laguna Gran Hotel), Tel. 922 07 76 06, www.nubrestaurante.com, Mi, Do abends, Fr, Sa mittags und abends, So nur mittags

Kneipen, Bars und Clubs

San Cristóbal Gastrobar Bier, Wein, kleine Imbisse und köstliche Menüs. Schönes, luftiges Ambiente. ■ Calle Ascanio y Nieves 9, Tel. 922 36 78 15, Mi–Mo mittags bis nachts, Plan S. 34 a1

Einkaufen

Atlántida Kanarische Weine kann man hier für 2 € pro Glas probieren und gleich mitnehmen. Dazu gibt's kanarische Craft-Biere, Gofio, Mojos, Fruchtgelees und mehr Feinkost. Winziger Laden, netter Service. ■ Calle San Agustín 55, Tel. 922 25 29 28, Mo–Mi 10–13.30, 17–20.30, Do, Fr 10–13.30, 17–22, Sa 10–14, So 11–14 Uhr, Plan S. 34 b1

Los Calados Trachtenröcke, -blusen, -hosen ... Es muss ja nicht gleich eine komplette tinerfenische Tracht sein, aber ein einzelnes Kleidungsstück kann ein tolles Souvenir sein. Vielleicht auch ein Hut? Oder gar nur ein Tuch? ■ Calle Alcalde Alonso Suárez Melián 24, Tel. 922 26 25 69, http://loscalados.es, Mo–Fr 10–13, 17–20, Sa 10–13 Uhr, Plan S. 34 a1

Mercado Feiner kanarischer und spanischer Käse, pittoresk gestapeltes Obst und Gemüse, Fisch, Fleisch, Aufschnitt, Brot, Süßigkeiten, internationale Feinkost: Der Markt ist die beste Adresse für den Lebensmitteleinkauf. Außerhalb der Hallen befinden sich Stände mit Kleidung, Blumen und lebenden Tieren. Seit 2007 die Markthalle an der Plaza del Adelantado geschlossen wurde, findet der Markt in einer großen provisorischen Halle statt. ■ Plaza del Cristo, tgl. 7–14 Uhr, Plan S. 34 nördl. c1

Kinder

Museo de la Ciencia y el Cosmos Eine unterhaltsam-informative Ausstellung für Kinder, Jugendliche und verspielte Erwachsene: Mithilfe von optischen, chemischen und physikalischen Experimenten, Multimedia-Spielen und Mitmachstationen lernt man, die Welt ein wenig besser zu verstehen. Unterteilt ist das Ganze in die Bereiche Universum, Sonne, Erde und Mensch. Die Erklärungen sind leider fast nur auf Spanisch. ■ Avenida Los Menceyes 70, Tel. 922315265, http://museosdetenerife.org, Di–Sa 9–20, So 10–17 Uhr, 5 €, Kinder bis 7 Jahre frei, Schüler/Studenten 3,50 €, freier Eintritt für alle Fr, Sa 16–20 Uhr

In der Umgebung

Real Club de Golf Tenerife

| Golfplatz |

Der älteste Golfclub der Insel, gegründet 1932, muss als einziger nicht ununterbrochen bewässert werden und hat auch in den Sommermonaten angenehme Temperaturen, denn er liegt auf 600 m Höhe in einer relativ regenreichen Gegend. Viel alter Baumbestand, teilweise mit Teide-Blick.

■ Calle Campo de Golf 1, Tacoronte, www.rcgt.es

3 Tacoronte

Beschauliches Zentrum einer bedeutenden Weinregion der Insel

Information

■ Carretera Tacoronte–Tejina 2, Tel. 922570015, Mo–Fr 9–13 Uhr

Wein gedeiht fast überall auf der Insel, doch in wenigen Regionen bestimmt er die Wirtschaft und den Alltag so stark wie hier, im Zentrum der »Denominación de Orígen Tacoronte-Acentejo«. Tacoronte ist ein ruhiges Städtchen ohne Top-Sehenswürdigkeiten und mit wenig Tourismus. Ein hübscher, etwa 30-minütiger Spaziergang führt vom Convento San Agustín mit der Kirche Iglesia del Cristo (18. Jh.) durch den kleinen Parque Hamilton zur Alhóndiga, einem großen alten Getreidespeicher aus dem 17. Jh., und zur Iglesia Santa Catalina Mártir de Alejandría (16./18. Jh.). Die wirklichen Schätze des Ortes liegen jedoch vor seinen Toren.

Im Blickpunkt

Mehlbrei und Kartoffeln mit Soße

Die wichtigsten Speisen der Insel sind denkbar schlicht – und doch so köstlich, so gesund. Gofio ist Mehl aus geröstetem Getreide und war schon bei den Altkanariern ein Hauptnahrungsmittel. Traditioneller Gofio wird aus Weizen hergestellt, beliebt sind auch die Varianten aus Mais oder Gerste. Zum Frühstück schmeckt Gofio mit Milch und Honig, mittags oder abends verrührt man ihn mit Brühe, das heißt dann »escaldón«. Dazu schmecken Fisch oder Fleisch und Zwiebeln. Gerade in letzter Zeit ist Gofio wieder besonders populär, so gibt es auch Gofio-Cremes als Dessert oder Gofio-Eis.

»Papas arrugadas« heißt übersetzt »runzelige Kartoffeln«, sie werden mit Schale in sehr salzigem Wasser gekocht (früher nahm man Meerwasser). Obligatorisch dazu sind »mojos«, kalte Soßen aus Kräutern oder Paprika, Knoblauch und Öl. Roter »mojo« passt am besten zu Fisch, grüner zu Fleisch.

P Parken

Eine Stunde kostenlos an der Hauptstraße oder auf einem großen, sandigen Parkplatz hinter dem Rathaus (nahe Convento San Agustín).

Restaurants

€€ | Las Terrazas del Sauzal Gartenlokal im knapp 5 km entfernten El Sauzal mit spektakulärem Ausblick auf die umliegenden Weinberge und die Küste, herrlich v. a. bei Sonnenuntergang. Kanarische Küche mit Raffinesse. Auf der Terrasse kann man auch nur einen Kaffee, Cocktail oder Tapas zu sich nehmen. ■ Calle Sierva de Dios 9, El Sauzal, Tel. 922 57 14 91, www.terrazasdelsauzal.com, Mi–Fr mittags bis abends durchgehend, Sa, So morgens (Brunch) bis abends

In der Umgebung

Casa del Vino

| Weinmuseum |

Wo und wie wird der Wein auf Teneriffa angebaut? Was macht den traditionellen, was den modernen Weinbau aus? Fragen wie diese beantwortet das Weinmuseum, das auf einem alten Landgut untergebracht ist, sodass man nebenbei auch einen Einblick in historische Arbeits- und Wohnräume erhält. Dem Museum angeschlossen ist die Casa de la Miel mit einer kleinen Ausstellung über die Honigproduktion auf Teneriffa. Das Café-Restaurant der Casa del Vino bietet hochwertige kanarische Küche, eine reiche Auswahl guter Weine (viele Sorten auch glasweise), köstliche Kuchen und Torten sowie eine Terrasse mit schönem Panoramablick.

Im Blickpunkt

Wein, Wasser und Gebräu

Der Vulkanboden und die warmen Temperaturen sind gute Voraussetzungen für den Weinbau. Trauben gedeihen in weiten Teilen der Insel, besonders intensiv ist die Weinwirtschaft im Norden und Nordosten, wo die Sonne nicht so brennt und es regelmäßig regnet. Insgesamt hat Teneriffa fünf »Denominaciones de Orígen«, eine »D.O.« ist in Spanien die geschützte Herkunftsbezeichnung für ein Anbaugebiet. Die tinerfenischen Winzer produzieren sowohl Weiß- als auch Rotweine, die Qualität ist großteils sehr gut, entsprechend hoch sind die Preise. Exportiert werden die Weine überwiegend in die USA. Auch das Mineralwasser der Insel ist hochwertig, versickertes Regen- und Schneewasser wird durch Vulkangestein gefiltert und mineralisiert. Große Marken sind z. B. Fonteide (aus dem Orotava-Tal) und Fuente Alta (Vilaflor). Das seit 80 Jahren in Santa Cruz gebraute Bier der Marke Dorada schmeckt leicht und frisch wie der Urlaub auf der Insel. In letzter Zeit sind neue Varianten auf den Markt gekommen wie Dorada Limón (Zitrone) und das Schwarzbier Dorada Esencia Negra. Auf Teneriffa wie überall auf der Welt sind Craft-Biere im Trend, sie heißen hier »cervezas artesenales«. Einen Namen gemacht hat sich die Gourmetbrauerei Tacoa (El Sauzal bei Tacoronte), ihr Werbeslogan: »0 % Bullshit, 100 % Craft Beer«.

Die Casa del Vino in El Sauzal vermittelt Einblicke in das Winzerhandwerk

■ Calle San Simón 49, El Sauzal, Tel. 922 57 25 35, www.casadelvinotenerife.com, Museum Di–Sa 10–20, So 10–18 Uhr, Café/Restaurant Di–Sa vormittags bis 23 Uhr durchgehend, So bis 18.30 Uhr, 3 €, Kinder frei

Bodegas Monje

| Weingut |

5 *Einblicke ins Winzerhandwerk in einer malerischen Landschaft*

Seit 1750 betreibt die Familie Monje das Winzerhandwerk, heute baut Felipe Monje auf seinem 17 ha großen Weingut verschiedene Rebsorten an, deren Früchte er im eigenen Weinkeller verarbeitet. Gut 150 000 Flaschen kommen jedes Jahr heraus, sie kosten zwischen sieben und mehreren hundert Euro. Zum Weingut gehören ein schöner Laden für Wein und Kunsthandwerk sowie ein Restaurant mit gehobener kanarischer Küche. Zudem können Besucher die eindrucksvollen Weinkeller mit 200 Jahre alten Eichenfässern und modernen Stahltanks im Rahmen von Führungen besichtigen. Auch Kunstausstellungen, Sportveranstaltungen und andere Events werden in der Bodega organisiert – es lohnt sich, auf die Website zu schauen.

■ Camino Cruz de Leandro 36, El Sauzal, Tel. 922 58 50 27, www.bodegasmonje.com, tgl. 10–19 Uhr, Führungen tgl. 11, 13, 15, 17 Uhr, Restaurant Di–So tagsüber

Mesa del Mar

| Strand |

Ziemlich unattraktiv bebaut ist der Badeort, doch hinter einem Fußgängertunnel (am großen Parkplatz) verbirgt sich ein schöner Strand, die Playa de la Arena, 350 m lang und 30 m breit, mit schwarzem Sand und Blauer Flagge. Es gibt Duschen und WCs, alles ist barrierefrei sowie für Kinder geeignet. Und die schlimmen Hochhäuser sieht man von hier aus gar nicht.

El Pris

| Strand |

In dem kleinen Ort verbringen einheimische Familien ihre Sommerwochenenden und -urlaube, es gibt aber auch dauerhafte Einwohner, die professionell der Fischerei nachgehen. Baden kann man geschützt in einem Naturschwimmbad, in den Wellen des offenen Meeres oder an einem kleinen schwarzen Strand. In den Terrassencafés geht es sehr ruhig zu, ausländische Touristen erscheinen hier fast nie.

4 Valle de Guerra

Das Tal der Blumen, der Früchte – und der Gewächshäuser

Information

■ Zuständig ist das Büro in La Laguna, siehe S. 32.

In dieser Gegend der Insel gedeihen viele Bananen und Weintrauben, aber auch zahlreiche andere Obst- und Gemüsesorten: Papayas, Mangos, Erdbeeren, Avocados, Tomaten ... Zudem ist das Tal der Blumengarten von Teneriffa, fast alle Blumen, die man in Läden kaufen kann, kommen von hier. Das klingt jedoch idyllischer, als es aussieht – ein Großteil der Früchte und Blumen wächst in einfachen Gewächshäusern aus Plastikfolie. Anders als oft behauptet, rührt der Name »Tal des Krieges« nicht von den Auseinandersetzungen zwischen Ureinwohnern und Spaniern her, sondern bezieht sich auf den Adligen Don Lope Fernández de la Guerra, dem die neu eroberten Ländereien zugesprochen wurden.

Sehenswert

Casa de Carta – Museo de Historia y Antropología

| Volkskundemuseum |

Das große, edle Wohngebäude aus dem 18. Jh. gehörte einst der Familie Guerra, die über die gesamten umlie-

Der Besuch der Naturschwimmbäder von Bajamar ist ein Erlebnis

genden Ländereien verfügte. Heute beherbergt der Komplex ein Museum, das sich der tinerfenischen Kultur in Vergangenheit und Gegenwart widmet. Zu sehen sind etwa Keramik, Webstühle, geflochtene Körbe, eine historische Küche – und viele prächtige, farbenfrohe Trachten. Im idyllischen Garten, auf mehreren Ebenen angelegt, wachsen uralte Palmen, Lorbeerbäume, riesige Feigenkakteen; es rauscht ein künstlicher Wasserfall.

■ Calle Vino 44, Tel. 922 54 63 08, http://museosdetenerife.org, tgl. 10–17 Uhr, 5 €, Kinder bis 7 Jahre Eintritt frei, Schüler und Studenten 3,50 €, freier Eintritt für alle Fr, Sa 13–17 Uhr

Jóver

| Naturbad |

An Sommerwochenenden kommen die Menschen aus den umliegenden Orten gern her, um im großen, gepflegten Naturbad zu schwimmen. In der winzigen Siedlung bieten einfache Restaurants frischen Fisch. Unter der Woche stehen vielleicht ein paar ältere Männer am Ufer und angeln, ansonsten sind kaum Besucher anzutreffen, auch die Gastronomie ist zuverlässig nur an Wochenenden geöffnet.

5 Bajamar

Feriensiedlung mitten im Nirgendwo, ganz ohne Pauschaltouristen

Information

■ Carretera General Punta del Hidalgo, Mirador San Mateo, Tel. 922 15 78 32, tgl. 9–15.30 Uhr

Rundherum nur Landwirtschaft, im Hintergrund das Anaga-Gebirge – und hier, an der Küste: ein mittelgroßer Ferienort mit großen Gebäuden aus den vergangenen Jahrzehnten. Ein bisschen Gastronomie, ansonsten ist kaum etwas los. Hierher kommt man, um zu baden, sich auszuruhen und zu wandern. Bei Reiseveranstaltern ist Bajamar nicht im Programm, überwiegend verweilen hier Besitzer von Ferienwohnungen, die in den Inselstädten leben, oder sie vermieten ihre Apartments an Individualtouristen. Die zu Bajamar gehörige Touristeninformation befindet sich am Rande der noch kleineren, östlich gelegenen Feriensiedlung Punta del Hidalgo.

Sehenswert

Piscinas naturales

| Naturbad |

Verschieden große Schwimmbecken, in die Felsküste gehauen, natürliche Pools und eine geschützte Bucht ergeben zusammen eine schöne Badelandschaft für Erwachsene und Kinder.

Restaurants

€ | **Bar-Restaurante Cofradía de Bajamar** Direkt oberhalb der Badelandschaft wird eine einfache und ehrliche Fischküche serviert. ■ Calle Barranco San Juan, Edificio el Mirador 1, Di, Do–So von mittags bis abends durchgehend

Cafés

Café Palmelita Guter Kaffee, deliziöse Torten und Kuchen genießt man in gemütlichem Ambiente oder auf der Terrasse. Auch Salate, Sandwiches und andere kleine Speisen hält die Karte bereit. ■ Avenida Gran Poder, Edificio Piscinas, tgl. morgens bis abends

Bei Cruz del Carmen führen gut ausgebaute Wanderwege durch den Nebelwald

In der Umgebung

Punta del Hidalgo

| Feriensiedlung |

Rund 2 km östlich von Bajamar erstreckt sich diese Siedlung mit Hotels und Apartmenthäusern, einem vom Meer abgetrennten Naturbad und kleinen natürlichen Pools in den Lavafelsen. Markantestes Gebäude ist der strahlend weiße Leuchtturm, dessen Architektur an Orgelpfeifen erinnert, allerdings von gigantischem Ausmaß. Die Küstenpromenade geht jenseits des Leuchtturms in einen Wanderpfad über. Wer im Zentrum von Punta de Hidalgo startet, erreicht nach etwa 45 Min. den Aussichtspunkt Mirador de San Mateo mit der Touristeninformation und einer Bushaltestelle.

Wandern

Am **Mirador de San Mateo** bei Punta del Hidalgo beginnen verschiedene befestigte und markierte Wanderwege – bzw. sie enden hier, denn vom Anaga-Gebirge zur Nordküste geht es überwiegend abwärts. Besonders schöne Gebirgslandschaften und weite Panoramablicke genießen Wanderer auf dem Weg **PR-TF 11** von oder nach Cruz del Carmen (s. u.). Er ist knapp 12 km lang, Höhenunterschied: +489 m/ -1780 m, Gehzeit beim Abstieg ab Cruz del Carmen: etwa 5 Std., Schwierigkeitsgrad: mittel. Informationen beim Besucherzentrum Cruz del Carmen oder der Touristeninformation Bajamar/Punta del Hidalgo.

6 Cruz del Carmen, Macizo de Anaga

3 *Wandern im Nebelwald des Biosphärenreservats*

Information

■ Besucherzentrum: Carretera Las Mercedes, km 6, La Laguna, Tel. 922 63 35 76, tgl. 9.30–16 Uhr, im Sommer nur bis 15 Uhr, manchmal unregelmäßig geöffnet, Infos gibt es dann im Café bzw. Laden gegenüber

Ein Parkplatz, ein Aussichtspunkt, ein Infobüro – was zunächst wenig spektakulär erscheint, ist doch eine der wichtigsten Adressen aller Kanarischen Inseln: Hier befindet man sich im touristischen Zentrum des Macizo de Anaga, des Anaga-Gebirges, das in weiten Teilen mit dem wertvollen und wunderschönen Lorbeerwald bedeckt ist. Eine einzigartige Landschaft und ein perfektes Wandergebiet mit vielen gut ausgebauten und beschilderten Wegen. Das Gebirge erstreckt sich östlich der Linie Santa Cruz La Laguna–Tejina über eine Fläche von 145 km², die höchste Erhebung ist Cruz de Taborno mit 1020 m. Wer nicht wandern möchte oder kann, fährt auf der Höhenstraße TF 12 von Cruz del Carmen Richtung Osten und genießt spektakuläre Ausblicke auf dicht bewaldete Massive und zerklüftete Felsen, hinab in tiefe Schluchten, hinüber bis zur Küste, zum Meer und an klaren Tagen bis nach Gran Canaria. Das sehr dünn besiedelte Gebiet wurde 2015 zum UNESCO-Biosphärenreservat erklärt.

Sehenswert

Lorbeerwald

| Landschaft |

Direkt am Parkplatz beginnen drei Rundwege durch saftig grünen, dichten (und erstaunlich wenig besuchten) Lorbeerwald. Die kürzeste Strecke misst 400 m, dauert nur 20 Min. und ist auch für Rollstuhlfahrer geeignet. Der zweitlängste Rundweg beträgt 544 m, der längste 1272 m (100 m Gefälle). Die Routen sind mit Erklärungstafeln zu Flora, Fauna und Geologie versehen.

Mirador Cruz del Carmen

| Aussichtspunkt |

Auf der Höhe von 920 m über dem Meeresspiegel eröffnet sich ein weiter Panoramablick über dicht bewachsene

Im Blickpunkt

Lorbeerwald

Feucht- oder Nebelwald, Urwald, Laurisilva (so die spanische Bezeichnung) oder gern auch Zauberwald: Viele Namen trägt die Landschaft, die sich hier seit 40 Mio. Jahren kaum verändert hat. Am dichtesten wächst der Wald in Höhenlagen um 700 m. Uralte, knorrige Lorbeerbäume, die moosbewachsenen Stämme winden sich in skurrilen Formen, an ihren Ästen hängen lange Flechten; viele Meter hohe Baumheide, von ausladenden Farnen bewachsene Felswände; Johanniskraut, Buchen, der endemische Viñátigo (Indische Persea) und viel, viel Efeu: Fast immer in neblig-milchiges Licht getaucht, hat dieser Wald eine zutiefst eindrucksvolle, fast schon magische Ausstrahlung.

Im Tertiär waren weite Teile Europas mit vergleichbarem Lorbeerwald bedeckt, der die Eiszeit nicht überstand. Auf Teneriffa bekommen Besucher also eine Ahnung davon, wie es einst auf dem europäischen Kontinent aussah – auch wenn der Inselwald durch Menschenhand gezähmt wurde.

Berge, die Ebene von La Laguna, Dörfer, Landwirtschaft, Vulkankegel und Felsen. Bei klarem Wetter ist auch der Teide gut zu erkennen.

P Parken

Großer kostenfreier Parkplatz direkt an der Landstraße TF 12, km 23.

Restaurants

€–€€ | Restaurante Cruz del Carmen Traditionelle Speisen von guter Qualität in rustikalem Ambiente. Ein reines Ausflugslokal, aber absolut keine Touristenfalle. Im vorderen Bereich kann man an der Theke auch nur etwas trinken. ■ TF 12, km 23, Tel. 922 25 00 62, Fr–Mi von morgens bis zum frühen Abend

Wandern

Am Cruz del Carmen beginnen drei Wanderwege. Sehr beliebt ist der Weg **PR-TF 11** (S. 46). Auf dem Weg **PR-TF 10** erreichen Wanderer nach 5,3 km das Dorf Chinamada, nach insgesamt 9,7 km Punta del Hidalgo. Wegen starker Steigungen ist diese Strecke recht anspruchsvoll. Der mittelschwere Weg **PR-TF 12** führt in etwa 4,5 Std. nach Bajamar. Infomaterial und Karten erhält man im Besucherzentrum oder im gegenüberliegenden Laden.

Erlebnisse

Anaga Experience Die Tinerfeños Cao Sánchez Serrano (der gut Deutsch spricht) und Aarón Barreto Martín sind mit ihrer Ausflugsagentur auf geführte Wanderungen spezialisiert. Sie bieten einerseits ganz normale Tagesausflüge ins Anaga-Gebirge an, andererseits sind mit ihnen auch ungewöhnliche Erlebnisse möglich, etwa Wanderungen an entlegene Strände und dort Abholung mit dem Boot, Wandern plus Stand Up Paddling und vieles mehr. Auch auf individuelle Wünsche gehen die beiden gern ein. Sie kennen ihre Insel gut und sind hervorragende Guides. ■ Tel. 690 36 90 89, www.anagaexperience.com, Tagestouren ab/bis Santa Cruz de Tenerife ab 45 € pro Person inkl. Mittagessen, Zuschläge für Abholung von anderen Orten

In der Umgebung

Mirador del Pico del Inglés
| Aussichtspunkt |

6 *Panoramablick über Schluchten, Felsen und eine Nachbarinsel*

Der wohl schönste Ausblick des gesamten Anaga-Gebietes, besonders spektakulär bei Sonnenuntergang. Der Mirador befindet sich auf 960 m Höhe, an klaren Tagen reicht die Sicht über das Gebirge, La Laguna, Santa Cruz und bis nach Güímar und Gran Canaria sowie zum Teide-Gipfel. An bewölkten Tagen sieht man die Wolken unterhalb des Teide-Gipfels ziehen – was auch sehr erlebenswert sein kann.
■ TF–114 (Stichstraße, ausgeschildert ab TF 12)

7 Taborno

Dorf mit Ausblick und einem markanten Felsen: »Teneriffas Matterhorn«

Das Dörflein hat etwa 20 Einwohner, ein Restaurant und ein Kirchlein mit einem Drachenbaum davor. Die Menschen leben in weißen und bunt gestrichenen Häusern, teilweise nutzen

Auch Teneriffa hat sein »Matterhorn« – und zwar auf einem Bergrücken bei Taborno

sie bis heute Felshöhlen als Arbeits- und Lagerräume. Aus der Ferne wirken die Häuser wie in die Landschaft gewürfelt. Und diese Landschaft, sie ist grandios: ein Meer aus gezackten Felsformationen, grüne Berghänge, alte Terrassenfelder, dramatische Steilküsten, Schluchten. Über dem Dorf thront der Roque de Taborno, ein markanter kegelförmiger Fels, der oben schmal zuläuft, sodass er auch als »Teneriffas Matterhorn« bekannt ist.

Sehenswert

Mirador Fuente del Lomo

| Aussichtspunkt |

Rechts am Kirchplatz entlang führt ein gut befestigter Weg, über den man nach etwa 15 Min. diesen Mirador erreicht. Hier liegt einem eine eindrucksvolle Landschaft zu Füßen: Berge, Felsen, Steilküste, die weite Meereslinie und im Hintergrund die schwarzen Roques de Anaga: einzelne, vor der Küste liegende Felsen – sehr fotogen.

Restaurants

€ | **Merendero Casa Carlos** Auf einem riesigen Grill, befeuert mit Baumheideholz, bereiten Carlos und sein Team rund 6 km südlich von Taborno bergeweise Fleisch zu. Vorweg etwas Ziegenkäse und Salat, zum Fleisch »papas arrugadas con mojo«: ganz wunderbar nach einer Wanderung. Man sitzt draußen auf einfachen Plastikstühlen und hat weite Ausblicke aufs Gebirge.

■ Landstraße TF12, von La Laguna kommend kurz hinter der Abzweigung nach Las Carboneras, Tel. 922690710, Mi–Mo vormittags bis zum frühen Abend

€ | **Restaurante Historias para no dormir** In diesem winzigen Restaurant mitten im Nirgendwo zaubert ein französischer Koch feine, aber nicht überkandidelte Fleisch- und Fischgerichte. Das Drei-Gänge-Menü mit Brot und Wasser kostet unter 20 €. ■ Tel. 92269 0227, Do–So nur zum Mittagessen geöffnet, nur mit Reservierung

Wandern

Ein Pfad führt rund um den Roque de Taborno und eröffnet immer wieder neue Ausblicke auf die Küstenlinie, Berge, Felsen und Wälder. Der Weg ist einfach und hat wenig Steigungen, aber man sollte weitgehend schwindelfrei sein. Wenn man an der Dorfstraße in Taborno parkt, braucht man etwa eineinhalb bis zwei Stunden für die Tour. Den Roque selbst können nur sehr geübte Kletterer erklimmen.

8 Taganana

Authentisches Dorf mit drei Stränden zu Füßen des Anaga-Gebirges

Kleine und große, neue und alte, prächtige und ärmliche Häuser schmiegen sich zwischen Palmen, Agaven und Terrassenfeldern an die Hänge eines weit ausladenden Tals. Die Menschen leben von der Landwirtschaft, sie bauen Wein an und Gemüse, oder sie arbeiten an einem der Strände in der Nähe. Das größte Dorf des Anaga-Gebirges hat gut 500 Einwohner und wirkt sehr authentisch, manchmal spazieren Touristen hier herum, aber das passiert wirklich selten. Die Kirche Nuestra Señora de las Nieves ist eine der ältesten der Insel (16. Jh.), vom Kirchenvorplatz bietet sich ein guter Ausblick auf die grüne Umgebung.

Parken

Im Dorf sind die Straßen sehr eng. Am besten stellt man seinen Wagen an der Landstraße unterhalb des Eingangs zum Ort ab. Dort ist stets reichlich Platz zum Parken.

Taganana im einsamen Norden der Insel vermittelt viel Idylle und Ursprünglichkeit

Restaurants

€ | Casa África Seit mehr als 50 Jahren serviert man hier bodenständige Fischgerichte in sehr schlicht ausgestatteten Räumlichkeiten. Große Terrasse. ■
Roque Las Bodegas 3, Playa de Taganana, Tel. 922590100, tgl. außer Mi von morgens bis ca. 18 Uhr

€ | Casa Paca Das schlichte kleine Restaurant im nordöstlich gelegenen Benijo verfügt über eine hübsche Terrasse an der Straße. Paca und ihr Team kochen und braten wie zu Hause und empfangen auch ihre Gäste wie gute Freunde. Die frischen Fischgerichte schmecken köstlich. Sehr preiswert. ■
Benijo, tgl. zum Mittag- und Abendessen geöffnet, außer Paca hat dringend etwas anderes zu erledigen

In der Umgebung

Playa del Roque de las Bodegas
| Strand |

Dunkler, steiniger Strand, eine starke Strömung und häufig Wellengang. Trotzdem kommen Familien aus Santa Cruz oder La Laguna gern hierher, baden vorsichtig am Meeressaum, erholen sich am Strand und genießen Fischgerichte in einem der Lokale. Am großen, malerisch gelegenen Felsen Roque de las Bodegas gehen Angler gern ihrer Passion nach. Wer nur schauen und nicht unbedingt baden oder sonnenbaden möchte, kommt am besten zum Sonnenuntergang hierher, dann ist es eher ruhig, und das Licht wirkt zauberhaft.

Playa de Almáciga
| Strand |

Eine große Bucht, 300 m lang, mit schwarzem Sand und oft hohem Wellengang, sehr beliebt bei Surfern (Wellenreitern). Im Hintergrund erheben sich steil die dunklen, hohen Felsen des Anaga-Gebirges. Der Strand hat keine Aufsicht und keine Gastronomie.

Ungezähmte Natur in ihrer reinsten Form an der Playa de Benijo

Playa de Benijo
| Strand |

Den rund 300 m langen Strand unterhalb einer winzigen Siedlung erreicht man nur über eine hohe Treppe. Er ist nicht sehr breit, und es gibt keinerlei Infrastruktur – hier ist alles Natur: schwarzer Sand, Steilküste, einzelne große Felsen im Meer, oft starke Wellen. Für manche Urlauber das Paradies auf Erden, andere vermissen hier Duschen, Toiletten, Bars, Sonnenliegen oder eine Aufsicht.

Rotbraune Felsen und ein feiner Saharasand kennzeichnen die Playa de las Teresitas

Mirador del Bailadero
| Aussichtspunkt |
Zerklüftete Felslandschaft, Terrassenfelder mit Weinreben, die Steilküste und die verstreuten Häuser von Taganana: ein weites, schönes Bild. Der Aussichtspunkt liegt an der Straße TF 123, auf dem Weg von/nach Taganana ist es ein kleiner Abstecher, der auf alle Fälle lohnt (Ausschilderung Richtung Albergue Montes de Anaga folgen).

9 San Andrés

Verträumtes Städtchen mit der sagenhaften Playa de las Teresitas

Hätte der kleine Ort keinen großartigen Strand, kämen wahrscheinlich gar keine Touristen her, doch auf dem Weg zur Playa de las Teresitas halten einige kurz an. Das ist durchaus sinnvoll, denn auf einem etwa 20-minütigen Spaziergang lässt sich gut die Alltagsstimmung in einem ganz normalen spanischen Dorf einfangen – mit bunt gestrichenen Häuschen, die aussehen, als würden sie die steilen Hänge hinaufkriechen. Enge Straßen, der Kirchplatz mit Bar, Apotheke und Lorbeerbäumen, unter denen Senioren auf Bänken sitzen und plaudern ... Völlig unspektakulär und doch so liebenswert. Dem Strand ist zudem die große Auswahl an guten Fischrestaurants zu verdanken. Hotels gibt es jedoch nicht, nur einige Ferienapartments in Privathäusern. Manche Tinerfeños besitzen Ferienwohnungen am Strand, da San Andrés aber gerade mal eine Viertelstunde mit dem Auto von Santa Cruz entfernt liegt (und es sehr regelmäßige Busverbindungen gibt), bleiben die meisten Gäste nur tagsüber.

Sehenswert

Playa de las Teresitas

| Strand |

7 *Heller Sand, Palmen, ganz viel Platz und ruhiges Wasser*

Unumstritten einer der schönsten, vielleicht sogar der allerschönste Strand der Insel. Er ist zwar künstlich angelegt, aber das sind auf Teneriffa die meisten Strände. 1300 m lang und 80 m breit, mit hellem, feinem, sauberem Wüstensand, künstlichen Wellenbrechern, vielen Palmen und allem, was an Annehmlichkeiten vorstellbar ist: Badeaufsicht, WCs und Duschen, Sonnenliegen, ausreichend Parkplätze usw. Ausländische Touristen kommen kaum hierher, dafür umso mehr Ausflügler aus Santa Cruz.

Restaurants

€ | **Casa Pepín** Winziges Restaurant, familiär geführt mit sehr freundlichem Service, von allen Speisen gibt es auch halbe Portionen. Auf der Karte steht gute kanarische Hausmannskost, insbesondere Fisch. Äußerst preiswert. ■ Carretera San Andrés–Taganana 4, Tel. 922 549137, tgl. mittags und abends außer (meistens) Mi

€–€€ | **Los Pinchitos** Frischer Fisch in allen erdenklichen und manchmal auch überraschenden Variationen, serviert in einem rustikalen Ambiente. ■ Calle Guillén 14, Tel. 634340386, tgl. außer Mi mittags und abends

In der Umgebung

Playa de las Gaviotas

| Strand |

Ein Stückchen nördlich der künstlichen Playa de las Teresitas liegt idyllisch diese natürliche Strandbucht mit feinem dunklen Sand. Toiletten usw. gibt es hier nicht, aber immerhin Parkplätze. FKK ist erlaubt.

Igueste de San Andrés

| Dorf |

Das Ausnahmedörflein liegt geschützt in einer Schlucht, dadurch gedeiht hier beinahe jede Art von Früchten. Auf einem Spaziergang entlang der Obstgärten sind prächtige Exemplare von Mangos, Papayas, Guaven, Orangen, Bananen und, und, und zu bestaunen. An einem kleinen Strand kann man in den Sommermonaten baden, in anderen Jahreszeiten wird er meist vom Meer überspült, dann trainieren Surfer hier das Wellenreiten.

10 Candelaria

Die wichtigste katholische Wallfahrtsstätte der Kanarischen Inseln

Information

■ Avenida de la Constitución 7, Tel. 922032230, www.candelaria.es, Okt.–Juni Mo–Do 9–14, 15–17, Fr, Sa 9–13, Juli–Sept. Mo–Do 9-14, 14.30–16, Fr, Sa 9.30–13 Uhr

Von Bedeutung ist die Stadt wegen der Virgen de Candelaria, der Heiligen Jungfrau von Candelaria und Schutzheiligen der Kanaren, wegen des Marienkultes und seiner bewegten Geschichte, wegen der Kirche, der Feste. Viele Touristen nehmen deshalb keine Notiz von den Stränden, den Fischer- und Sportboothäfen, der schönen langen Uferpromenade mit Palmen, Bänken, Cafés und Restaurants an der Avenida Marítima. Einen halben Ausflugstag ist Candelaria sicher wert.

Sehenswert

Basílica de Nuestra Señora de Candelaria

| Kirche |

Viele Legenden ranken sich um die hl. Maria von Candelaria, historisch belegt ist, dass Ureinwohner im 14. oder 15. Jh., lange vor Ankunft der Spanier auf den Inseln, am Strand eine schwarze Marienstatue fanden (sie stammte wohl aus einer Schiffskapelle). Die Jungfrauenfigur trug im einen Arm das Kind, in der anderen Hand eine Kerze (»candela«). Die Guanchen stellten das Bildnis in einer Höhle auf, verehrten die Madonna und schrieben ihr Wunder zu, ohne je etwas über die christliche Religion erfahren zu haben. Nach der Eroberung und Christianisierung wurde die Jungfrau zur Schutzheiligen der Kanarischen Inseln erklärt. Heute befindet sich ihr Bildnis in der 1959 geweihten Basilika. Allerdings handelt es sich dabei um eine Kopie, die Originalstatue verschwand 1826 bei einer Sturmflut.

Die ursprüngliche Kirche an dieser Stelle fiel 1789 einem verheerenden Feuer zum Opfer, 170 Jahre mussten die Gläubigen also warten, bis sie ihre Madonna in einem neuen, würdigen Tempel verehren konnten. Das große, dreischiffige Gebäude vereint architektonische Elemente von der Gotik bis zur Gegenwart, im Inneren fallen zeitgenössische Malereien und Artesonado-Decken ins Auge.

■ Plaza Patrona de Canarias, Mo 15–19.30, Di–So 7.30–19.30 Uhr

Plaza de la Patrona de Canarias

| Platz |

Auf der Uferseite des weiten Kirchenplatzes stehen neun große Statuen, sie repräsentieren die neun Menceyes, die zur Zeit der spanischen Eroberungen die Insel regierten. Vor der spanischen Conquista war Teneriffa in neun Gebiete unterteilt, denen jeweils ein Mencey – also eine Art Häuptling oder »König« – vorstand. Bis heute identifizieren sich viele Tinerfeños mindes-

Entspannung im Straßencafé vor der Basílica de Nuestra Señora de Candelaria

tens genauso mit den Ureinwohnern, den Guanchen, wie mit dem spanischen Volk. Ortsnamen, aber auch Vornamen sind bis heute oftmals der Sprache der Guanchen entlehnt.

P Parken

Parking Rotario Municipal ■ Avenida de la Constitución, eine Stunde gratis, 0,80 €/2 Std., 2 €/3 Std.

Restaurants

€€ | Taberna Girón Gehobene, kreative spanisch-internationale Küche genießt man im Lokal mit seiner großen und windgeschützten Terrasse. Das Plus: Es gibt spezielle Menüs für Menschen mit Glutenunverträglichkeit. ■ Avenida Marítima 33, Tel. 922 50 33 12, www.tabernagiron.com, Di, Mi, So nur mittags, Do–Sa mittags und abends

Cafés

Heladería El Sueño Handgemachte Eiscreme, auch fantasievolle Sorten wie beispielsweise Gofio-Eis. ■ Avenida Marítima (neben Taberna Girón), tgl. mittags bis abends

Einkaufen

Mercadillo del Agricultor Landwirte, Bäcker und Lebensmittelmanufakturen aus dem Tal von Güímar verkaufen ihre Produkte. ■ Markthalle, Avenida de la Constitución, Mi 9–14 Uhr

Events

8 **Fiesta de la Virgen de la Candelaria** Das wichtige religiöse Fest der Schutzpatronin ihrer Inseln begehen die Kanarier alljährlich am 14. und 15. August mit Prozessionen, Pilgerwanderungen und feierlichen Messen. Zugleich handelt es sich aber auch um ein großes, fröhliches Volksfest, auf der Plaza de la Patrona de Canarias finden Folkloreaufführungen und Popkonzerte statt, außerdem gibt es ein Feuerwerk.

Der bedeutendste Wallfahrtsstätte Teneriffas: die Basilika von Candelaria

11 Güímar

Lebendiges Städtchen mit geheimnisvollen Pyramiden zwischen Kakteen

i Information

■ Avenida del Obispo Pérez Cáceres 18, Tel. 922 51 15 90, Mo–Fr 11–14 Uhr

In dem freundlichen Städtchen sind viele Häuser ganz besonders farbenfroh gestrichen, ein fröhliches Eckchen befindet sich etwa bei der Touristeninformation: kleine, vielfarbig dekorierte Häuschen mit Geschäften, gegenüber liegt die Plaza de las Flores mit Palmen und Lorbeerbäumen, großem Brunnen und Spielplatz. Die wichtigste Kirche ist die Iglesia de San Pedro (17. Jh.), zu der ein ansteigender, breiter und grün bepflanzter Boulevard hinaufführt. Das Rathaus befindet sich in einem ehemaligen Dominikanerkloster aus dem 17. Jh. und besitzt einen schönen Vorplatz mit Brunnen.
In Güímar leben viele Chinesen, sie betreiben Geschäfte mit billigen Haushaltswaren, Kleidung und Krimskrams sowie China-Restaurants.

Sehenswert

Pirámides de Güímar

| Ausgrabungsstätte |

4 *Die archäologische Stätte gibt Forschern viele Rätsel auf*

Plötzlich hat man das Gefühl, nicht auf Teneriffa, sondern in Mexiko zu sein: In karger Landschaft erheben sich Stufenpyramiden, dazwischen wachsen Kakteen, im Hintergrund die hohen Berge, die bunten Häuser von Güímar. Doch sind die Pyramiden nicht sehr groß, und sie bestehen aus dunklem Lavagestein, das unterscheidet sie von den mittelamerikanischen Pyramiden. Der berühmte norwegische Forscher und Anthropologe Thor Heyerdahl (1914–2002) verbrachte seine letzten acht Lebensjahre auf Teneriffa und widmete sich dort der Erforschung der Pyramiden, denen vor ihm niemand großes Interesse geschenkt hatte. Da sie allein aus Natursteinen bestehen, ist das Alter der Pyramiden nicht nachweisbar, Heyerdahl zufolge stammten sie möglicherweise aus vorspanischer oder noch sehr viel früherer Zeit. Auch eventuelle Bezüge zu polynesischen und lateinamerikanischen Kulturen machte Heyerdahl aus. Ein Museum widmet sich der Inselgeschichte und den Pyramiden in aller Welt, botanische Gärten ergänzen den Ausstellungskomplex rund um die Pyramiden. Zu sehen ist auch ein Nachbau des Schilfbootes »Ra II«, mit dem Heyerdahl 1970 zu Forschungszwecken von Marokko nach Barbados segelte – vorbei an den Kanarischen Inseln.
Für die Besichtigung der gesamten Anlage sollte man gut drei Stunden einplanen. Wer nur die Pyramiden und das Museum in Augenschein nehmen will, kommt mit zwei Stunden aus.
Alljährlich am 21. Juni erlebt man hier einen »doppelten Sonnenuntergang«: Die Pyramiden sind so ausgerichtet,

dass man von ihrer Hauptachse aus sieht, wie die untergehende Sonne hinter einem Berg verschwindet und dann wieder auftaucht.

■ Calle Chacona, Tel. 922514510, www.piramidesdeguimar.es, tgl. 9.30–18 Uhr, Besichtigung Museum und Pyramiden: 12,50 €, Kinder 5,50 €, Besichtigung der gesamten Anlage 18 €, Kinder 6,50 €

Restaurants

€€ | **Finca Salamanca** Eines der besten Restaurants der ganzen Insel: Serviert werden traditionelle spanische und kanarische Gerichte, gepaart mit neuen und internationalen Ideen, dabei aber immer noch bodenständig – und fast lächerlich preiswert. Mehrfach preisgekröntes Lokal mit schönen Räumen in einer historischen Finca. ■ Im gleichnamigen Hotel, Carretera Güímar–El Puertito 2, Tel. 922514530, http://de.hotel-fincasalamanca.com, tgl. mittags und abends

Cafés

Tasca la Plaza Hier genießt man köstliche Kleinigkeiten zum Essen, einen guten Kaffee in vielen Variationen, verschiedene Whiskys, Rum- und Ginsorten, Craft-Biere in einer angenehm hellen, freundlichen Café-Bar. ■ Plaza San Pedro 22, Tel. 649848311, tascalaplaza.es, Mi–Mo von morgens bis spätabends

In der Umgebung

Puertito de Güímar

| Strand |

Zu diesem Vorort von Güímar gehören ein Jachthafen, ein Strand, viele Fischrestaurants, eine Promenade und ein Platz mit Terrassencafés am Meer (bei der Mole am nördlichen Ortsrand), wo sich abends und an Wochenenden die Dorfbewohner und Gäste treffen. Der Strand selbst besteht aus flachen Steinen und schwarzem Sand.

Der ursprüngliche Zweck der Terrassenbauten von Güímar ist bis heute nicht geklärt

Übernachten

Da die meisten Touristen entweder gar nicht oder nur für einen Tag in die Hauptstadt fahren, gibt es dort v.a. Businesshotels. Allerdings reisen auch nicht allzu viele Geschäftsleute nach Santa Cruz. So ist die Konkurrenz groß, die Preise sind günstig. Eine gute Übernachtungsalternative ist das benachbarte La Laguna. Oder man wählt eines der idyllischen Landhotels.

Santa Cruz de Tenerife 18

9 € | **Occidental Santa Cruz Contemporáneo** Das Haus richtet sich v.a. an Geschäftsreisende, ist aber auch für Urlauber gut: komfortable Zimmer, perfekte Lage, kostenlose Garage (Plätze limitiert, keine Reservierungen). Oft sehr günstige Sonderangebote. Café-Bar mit schöner Terrasse. ■ Rambla de Santa Cruz 116, Tel. 922 27 15 71, www.barcelo.com

€–€€ | **Hotel Taburiente** Traditionsreiches Vier-Sterne-Hotel in bester Lage, 173 Zimmer, elegantes Design. Das Haus hat Veranstaltungsräume, bei Partys kann es lauter werden – nach ruhigen Zimmern fragen! Garagenplatz 8 €/Tag. ■ Calle Dr. José Naveiras, 24A, Tel. 922 27 60 00, www.hoteltaburiente.com

€–€€ | **NH Tenerife** Gutes Business- und Urlaubshotel mit der typischen Ausstattung internationaler Hotelketten: Es ist alles da, was man braucht, keine Besonderheiten. Sehr zentral gelegen. Parken 16,50 €/Tag. ■ Calle Candelaria/Dr. Allart, Tel. 922 53 44 22, www.nh-hotels.de

€–€€ | **Silken Atlántida Santa Cruz** Modernes Businesshotel in einem Hochhaus am südlichen Innenstadtrand. Vier Sterne. Funktionale Zimmer, Fitness- und Spa-Bereich mit weitem Ausblick, Garage (12 €/Tag). ■ Avenida Tres de Mayo 3, Tel. 922 29 45 00, www.hoteles-silken.com

€€–€€€ | **Iberostar Heritage Grand Mencey** Sehr exklusives Haus, fünf Sterne, edel gestaltet, mit großem Garten, Swimmingpool, Spa und Fitnessbereich. Hier wohnen auch Hollywoodstars wie Matt Damon, wenn sie Filme auf Teneriffa drehen. Oder wenn sie auf der Insel Urlaub machen, wie einst Liz Taylor und Richard Burton. Garagenplatz 12 €/Tag. ■ Calle Dr. José Naveiras 38, Tel. 922 60 99 00, www.iberostar.com

La Laguna 32

€ | **Hotel Aguere** Einfache Unterkunft (ein Stern) in einem Palast aus dem 18. Jh. mit Café im schönen, überdachten Innenhof. Zentrale Lage. ■ Calle Obispo Rey Redondo 55, Tel. 922 25 19 67, www.hotelaguere.es

€–€€ | **Hotel Nivaria** In einem Adelspalast aus dem 17. Jh., atmet dieses elegante Vier-Sterne-Haus Geschichte. Dicke Mauern, Holzfußböden, historische und Stilmöbel; Spa, Fitness, ein Bio-Gourmetrestaurant und ein gemütliches Café. Alle Zimmer mit Miniküche und Sprudelbadewanne. ■ Plaza del Adelantado 11, Tel. 922 26 42 98, www.lagunanivaria.com/de

€–€€ | La Laguna Gran Hotel Eröffnet 2017 von der Familie, die auch das Taburiente in Santa Cruz betreibt. Das zentral gelegene Vier-Sterne-Hotel befindet sich in einem Bau von 1767, der einst als Adelspalast, dann als Schule bzw. Tabakfabrik diente. 123 Zimmer, liebevoll und individuell gestaltet. Das Restaurant NUB hat einen Michelin-Stern. ■ Calle Nava y Grimón 18, Tel. 922 10 80 80, www.lalagunagranhotel.com

€€–€€€ | MC San Agustin Von außen kaum als Hotel zu erkennen; auch im Inneren folgt das aktuelle Design der historischen Architektur (18. Jh.). Es gibt nur vier Suiten, je 72 m² groß und mit Küche, Esszimmer, zwei Schlafzimmern. Wer zu viert anreist, macht hier ein Luxusschnäppchen. Neu eröffnet, fünf Sterne. ■ Calle San Agustín 12, Tel. 922 82 51 94, www.hotels-mc.com

Valle de Guerra 44

€–€€ | Hotel Rural Costa Salada In absoluter Einsamkeit am Steilufer gelegen, umgeben von Plantagen. Zwölf Zimmer und Suiten verteilen sich auf die Gebäude, die einst als Wohn- und Verwaltungshäuser der Gutsherren dienten. Alle Zimmer verfügen über Terrasse/Balkon, fast alle über Meerblick. Plus: Swimmingpool und Restaurant. Ein Idyll für Ruhesuchende, frisch Verliebte oder Schriftsteller. Schönstes Zimmer: Nr. 102. ■ Camino La Costa, Finca Oasis, Tel. 922 69 00 00, www.costasalada.com/de

Punta del Hidalgo 45

€€€ | Océano Wellness-, Spa- und Kurhotel (vier Sterne) unter deutscher Leitung in einem zehnstöckigen Haus direkt an der Promenade. Alle 90 Zimmer mit Meerblick. Innen- und Außenpool, Saunen, Garten. Dem Hotel angeschlossen ist ein medizinisches F.X. Mayr-Zentrum. Aber auch, wer einfach Ruhe und das große Spa genießen will, ist hier richtig. Das komplette Hotel wurde 2019 umfassend renoviert und erweitert. ■ Calle Océano Pacífico 1, Tel. 922 15 60 00, www.oceano.de

ADAC Das besondere Hotel

Die **Finca Salamanca** heißt nicht nur so. Bis heute wird sie bewirtschaftet, auf 50 000 qm² gedeihen Mangos und Avocados. Mittendrin, in alten Gemäuern, sind die einfach, aber geschmackvoll eingerichteten Zimmer untergebracht. Beheizter Swimmingpool, verschiedene Gärten. Das Restaurant ist eines der besten weit und breit.
€–€€ | Finca Salamanca, Carretera Güímar–El Puertito 2, Güímar, Tel. 922 51 45 30, http://de.hotel-finca salamanca.com

Puerto de la Cruz und der Norden

Die Küste der Kontraste: Großstadttrubel und idyllische Dörfer, weite Plantagen und dramatische Klippenformationen

Puerto de la Cruz war der erste bedeutende Urlaubsort auf Teneriffa, heute herrscht hier eine charmante Mischung aus Tourismus und normalem spanischen Alltag. Viele Gäste unternehmen Ausflüge in die malerische Stadt La Orotava und zum »Drago Milenario« (»Tausendjähriger Drachenbaum«) von Icod de los Vinos. Ansonsten sind an der Nordküste nur recht wenige Touristen anzutreffen. An den Stränden unterhalb der dramatischen Steilküsten vergnügen sich überwiegend Tinerfeños, sie kommen nach Feierabend oder an den Wochenenden her; oder sie machen Urlaub in einer Ferienwohnung. An vielen Stränden gibt es Apartmentsiedlungen.

Wer in den Norden reist, hat es nicht auf pralle Sonne abgesehen. Selbst im Hochsommer ist der Himmel oft bewölkt, die Temperaturen steigen nicht sehr weit über 20 Grad. Auch Regen kommt ganzjährig vor.

In diesem Kapitel:

ADAC Top Tipps:

5 Loro Parque, Puerto de la Cruz
| Tierpark |
Der Zoo vereint eine Eiswelt mit Pinguinen, ein Aquarium, ein Delfinarium, Gehege mit Jaguaren, Löwen, Affen – alles in schönen Parkanlagen. 66

6 La Orotava
| Stadt |
Ruhige Stadt mit wertvoller Architektur, gepflegten Parks und Plätzen, viel Kunsthandwerk – und mit authentischer Atmosphäre. 68

7 Cueva del Viento
| Höhle |
Einer der längsten Lavatunnels der Welt. Mit einer geführten Gruppe taucht man ein in das geheimnisvolle Dunkel, in pure Stille – hinein ins Innere der Erde. 78

8 **Garachico**
| Dorf |
Das Dorf, malerisch gelegen auf einer Lava-Landzunge, verfügt über bunt gestrichene Häuser, eine herrliche Badelandschaft und sehr viel ursprünglichen Charme. 78

ADAC Empfehlungen:

10 **Costa Martiánez, Puerto de la Cruz**
| Schwimmbad |
Kunstvoll gestaltete Badelandschaft mit einem großen See, einer Vielzahl von Pools, Skulpturen, Fontänen und herrlichem Teide-Blick. 64

11 **Jardín Botánico, Puerto de la Cruz**
| Botanischer Garten |
Idyllischer Park. Die Pflanzen erzählen Geschichten aus aller Welt. 65

12 **Jardines del Marquesado de la Quinta Roja, La Orotava**
| Park |
Romantische Gartenanlage im französischen Stil, auf mehreren Ebenen, mit weiten Ausblicken. 69

13 **Mirador de la Corona**
| Aussichtspunkt |
Weite Aussichten auf das Orotava-Tal, Puerto de la Cruz und die Küste. 75

12 Puerto de la Cruz

Bunter Mix aus Stadtalltag und Urlaubsstimmung

Schwarzer Vulkansand bedeckt die Playa Jardín, den Stadtstrand von Puerto de la Cruz

Information

- Casa de la Aduana, Calle las Lonjas, Tel. 922 38 60 00, www.visitpuertodelacruz.es, Mo–Fr 9–18 (Sommer bis 17), Sa 9–14 Uhr
- Parken siehe S. 67

Fährt man mit dem Auto direkt hinein ins Zentrum, kann es schon sein, dass es eine Weile dauert, bis sich einem der Charme dieser Stadt erschließt. Puerto de la Cruz wirkt auf den ersten Blick unstrukturiert, laut, wirr – es ist eine bunte Mischung aus ziemlich entsetzlichen Hotelhochhäusern, alten Palästen mit prächtigen Holzbalkonen, kleinen Plätzen, lauten Straßen, vielen Pizza- und Hamburger-Lokalen, Jugendstilhäusern und ganz normalen Wohnbauten. Hier ist nichts auf Tourismus-Hochglanz poliert – und viele Gäste schätzen genau dies: Das Miteinander von spanischem Alltag und internationalem Badetourismus. Die Stadt hat 30 000 Einwohner und 23 000 Gästebetten – Beach and Business.

Seit dem vorletzten Jahrhundert sind es insbesondere Engländer, die Puerto de la Cruz besuchen oder sich hier ganz niederlassen. Zunächst sorgte der intensive Weinbau in diesem Teil der Insel dafür, dass britische Händler kamen. Lange Zeit war England der Hauptexportmarkt für tinerfenischen Wein. Vor gut 100 Jahren dann entdeckten britische Urlauber das Orota-

Plan S. 64

va-Tal und seine Hauptstadt, sie schätzten das milde Klima der Region und den üppig-grünen Anblick der Plantagen. In den vergangenen Jahrzehnten hat Puerto de la Cruz sich insbesondere als Reiseziel für Senioren etabliert, aber auch Familien mit Kindern können hier eine Menge erleben.

Das historische Zentrum erstreckt sich rund um die Plaza del Charco und den alten Fischereihafen (Muelle Pesquero), hier stehen Gebäude aus dem 17. Jh. wie die Casa de la Real Aduana (Königliches Zollhaus, Sitz der Touristeninformation) in direkter Nachbarschaft zu Neubaukomplexen wie der Plaza de Europa von 1992 im Stile einer alten Festung.

Westlich schließt sich das einstige Fischerviertel La Ranilla an: kleine, bunte Häuschen an schmalen Fußgängerstraßen mit vielen Restaurants; am schönsten sind die Calle el Lomo und die Calle Mequínez.

Einen ganz anderen Eindruck erhalten Gäste, die sich zu Fuß von Norden dem Zentrum nähern und dabei zuerst durch einen der vielen schönen Parks schlendern. Auch wer seinen Aufenthalt mit dem Besuch der Playa Jardín oder der Costa Martiánez beginnt, nimmt Puerto de la Cruz von Anfang an als angenehmen Urlaubsort wahr.

Sehenswert

1 Plaza del Charco

| Platz |

Am zentralen Platz des historischen Zentrums und der ganzen Stadt geht es oft so trubelig zu, dass man vergessen könnte, sich in Ruhe umzuschauen. Wer dies nicht vergisst, erblickt edle Indische Lorbeerbäume, majestätische Palmen, ein Wasserbecken mit kleinen Fontänen und einer großen Yamspflanze, Kioske und einen Kinderspielbereich. Und nach dem Rundblick über den Platz ist es Zeit, sich in eines der vielen Straßencafés zu setzen und die Einheimischen und Touristen zu beobachten.

2 Ermita de San Juan Bautista und Iglesia de San Francisco

| Kirche |

Die Kapelle San Juan Bautista wurde 1599 errichtet und gilt als ältestes Gebäude der Stadt. Im 18. Jh. wurde die

Kirche San Francisco direkt angebaut, ein bogenförmiger Durchgang verbindet beide Gotteshäuser. Internationale christliche Gemeinden (auch evangelische) nutzen sie für ihre Gottesdienste und Messen.

■ Calle San Juan 3, Mo–Fr 10–21.30 Uhr

3 Iglesia de Nuestra Señora de la Peña de Francia

| Kirche |

Die relativ kleine und schlichte Hauptkirche der Stadt entstand Ende des 17. Jh., der Turm aus grauen Lavasteinen kam erst Ende des 19. Jh. hinzu. Wichtigste Kunstwerke im Innenraum sind das Bildnis des Señor del Gran Poder de Dios an der Kopfseite des linken Seitenschiffes (17./18. Jh.) sowie die Gemälde des dazugehörigen Altaraufsatzes von Luis de la Cruz y Ríos. Der in Puerto de la Cruz geborene Maler (1776–1853) war kurzzeitig auch Bürgermeister der Stadt und später spanischer Hofmaler. Idyllisch ist der Kirchenvorplatz mit Drachenbäumen, Palmen, Blumenbeeten und einem Brunnen.

■ Plaza de la Iglesia de Nuestra Señora de la Peña de Francia, tgl. 9–13, 17–19 Uhr

4 Costa Martiánez

| Schwimmbad |

10 *Schwimmen im kunstvollen Bad mit Blick auf den Teide*

Der aus Lanzarote stammende Architekt und Künstler César Manrique schuf diese Badelandschaft, ein Ensemble aus einem großen See und mehreren Pools, Lavafelsen, Kakteengarten, Palmen, Fontänen, Skulpturen, Windspielen und weiten Flächen mit Sonnenliegen. Hier kann man mit Blick auf den Teide Sport treiben oder sich entspannen. Wer von außen drauf-

ADAC Mobil

Puerto de la Cruz ist für Autofahrer noch unübersichtlicher und unangenehmer als die Hauptstadt Santa Cruz, Parkplätze sind äußerst rar. Am besten lässt man den Wagen am Hotel stehen (alle auf S. 82 empfohlenen Häuser in Puerto de la Cruz verfügen über Gästeparkplätze) oder man stellt das Auto in einem Parkhaus ab. Der neu eröffnete Busbahnhof befindet sich in der Avenida de los Hermanos Fernandez Perdignon. Die meisten Sehenswürdigkeiten liegen nah beieinander und sind gut zu Fuß zu erreichen. Für weitere Wege empfiehlt sich ein Taxi.

schaut, kann sich immerhin an der stilvollen, so gut zur Landschaft passenden Gestaltung erfreuen.

■ Avenida de Colón, Tel. 922 37 05 72, http://ociocostamartianez.com, tgl. 10–20, im Winter bis 18 Uhr, 5,50 €, Kinder 2,50 €

5 Jardines Taoro

| Park |

Ein kleiner Park zieht sich den steilen Hang hinauf, der am nördlichen Ende der Carretera de Taoro beginnt. Schon der Anblick der saftig-grünen Pflanzen tut wohl als Abwechslung zu den Straßen von Puerto de la Cruz, perfekt wird das Idyll durch künstliche Wasserfälle, die sich die knapp 100 m hohe Steigung hinunterstürzen. Der anstrengende Aufstieg lohnt sich, oben angekommen gibt es ein Café (Terraza Taoro, S. 67) – und die Möglichkeit, gleich einen weiteren Park zu besichtigen, den Jardín Acuático Risco Bello.

■ Wasserfälle tgl. 10–20 Uhr

6 Jardín Acuático Risco Bello

| Park |

Vor rund 50 Jahren erwarb ein belgisches Paar dieses Grundstück. Für seine erkrankte Frau ließ der Mann einen romantischen Garten am Hang anlegen, auf vier Ebenen, mit verschlungenen Wegen, kleinen Treppen und Brücken, künstlicher Grotte, vielfältigen Blumen, Obstbäumen, allerlei Gräsern, Seerosen und reichlich Efeu. Die Frau nahm ihm das Versprechen ab, den Garten nach ihrem Tod der Öffentlichkeit zugänglich zu machen, im Jahr 1989 war es so weit. Heute betreibt eine hochbetagte Tochter das märchenhafte Terrain.

■ Carretera Taoro, tgl. 9.30–18 Uhr, 4 €, Kinder 2 €

7 Jardín de Orquideas de Sitio Litre

| Park |

Die im Jahr 1730 erbaute Villa und das dazugehörige Grundstück waren im Besitz verschiedener Familien, sie alle pflegten aber die große Orchideensammlung und die Gartenanlagen im englischen Stil. Auch empfingen alle gern Besuch, darunter Agatha Christie und Alexander von Humboldt – ihr ist eine Gedenktafel gewidmet, ihm sogar ein Steindenkmal.

■ Camino Sitio Litre, Tel. 922 38 24 17, www.jardindeorquideas.com, tgl. 9.30–17 Uhr, 4,75 €, Kinder frei

8 Jardín Botánico

| Botanischer Garten |

11 *Pflanzenparadies mit Geschichte und Geschichten*

Ende des 18. Jh. wurde dieser Garten angelegt, um Pflanzen aus Übersee, die später nach Spanien eingeführt werden sollten, an das Klima Europas zu gewöhnen. Der offizielle Name lautet »Jardín de Aclimatación de la Orotava«. Dank der milden und stabilen Temperaturen um 20 °C und des vielen Regens in und um Puerto de la Cruz gelang die Akklimatisierung gut. Hier gedeihen Pflanzen von allen Kontinenten, und manche sind schon ururalt, wie etwa eine riesige Großblättrige Feige mit eindrucksvollen Luftwurzeln oder ein Palmfarn, der sich im Alter von 100 Jahren erstmals vermehrte. Sowohl die Texttafeln als auch ein Audioguide (via Smartphone/WLAN) informieren gründlich und unterhaltsam über die Pflanzen.

■ Calle Retama 2, Tel. 922 38 35 72, tgl. 9–18 Uhr, 3 €, Kinder frei

9 Museo Arqueológico

| Archäologiemuseum |

In einem schönen alten Wohnhaus (19. Jh.) zeigt das Museum Schmuck, Keramik und andere Fundstücke aus der vorspanischen Zeit. Auch führt es in den Alltag der Guanchen ein, zu sehen sind etwa die Rekonstruktion einer Wohnhöhle und eines Grabmals, Handwerkstechniken werden anschaulich erklärt. Zudem widmet sich die Ausstellung den Themen Glaube und Magie.

■ Calle el Lomo, 9A, Tel. 922 37 14 65, www.arqueopc.com, Di–Sa 10–13, 17–21, So 10–13 Uhr, 2 €, Kinder 1 €

10 Playa Jardín

| Badelandschaft |

Die künstliche Strand- und Parklandschaft entwarf – wie auch den Lago Martiánez – der Künstler César Manrique. An dem langen, breiten schwarzen Sandstrand führen Promenaden auf mehreren Ebenen entlang, Palmen sorgen für Schmuck und Schatten, Cafés für Stärkung und Erfrischung, ein Wasserfall für romantisches Rauschen.

11 Loro Parque

| Tierpark |

5 *Die Tiere der Welt und unzählige Papageien in einem schönen Park*

1972 startete der Deutsche Wolfgang Kiessling hier mit einer Papageienschau und -zucht (»loro« heißt Papagei), im Lauf der Jahrzehnte wuchs das Projekt zu einem riesigen Tierpark heran. Heute sollte man mindestens einen halben, gern auch einen ganzen Tag für den Besuch einplanen. Zu erleben sind ein hochmodernes Aquarium, eine beschneite Pinguinwelt mit Eisberg. Man sieht Gorillas, Jaguare, Löwen, Alligatoren, Flamingos und natürlich Papageien – sowie nicht zuletzt saftig grüne Gartenanlagen. Auf dem Spielplatz können Kinder auf Bäume klettern und Hängebrücken überqueren. Bekannt und beliebt, aber nicht unumstritten ist der Park für seine Delfin-, Seelöwen- und Orcawalschauen. Der Eingangsbereich ist im Stil eines Thai-Dorfes gestaltet, für den Bau ließ der Betreiber eigens Handwerker aus Thailand anreisen.

■ Avenida Loro Parque, Tel. 922 37 38 41, www.loroparque.com, tgl. 8.30–18.45 Uhr, 38 €, Kinder 26 € (es gibt günstige Abotickets, Kombitickets usw.), täglich Transfers vom/zum Zentrum von Puerto de la Cruz und vom/zum Inselsüden

Gefällt Ihnen das?

Dann sollten Sie auch den **Siam Park** im Inselsüden (S. 103) besuchen. Der Wasserpark wird von derselben Familie betrieben, ist von ebenso gewaltigem Ausmaß und ähnlich spektakulär wie der Loro Parque. Für beide Attraktionen gibt es Kombitickets, sie machen die Erlebnisse etwas erschwinglicher.

Die Aufzuchtstation für Papageien im Loro Parque genießt Weltruf

Parken

Aparcamientos Plaza de Europa ■ 1,55 €/Std., 15 €/Tag, Plan S. 64 c2

Parking Centro Comercial Las Pirámides de Martiánez ■ Avenida de Aguilar y Quesada 1, www.ccpiramidesdemartianez.com, 1,49 €/Std., Plan S. 64 d3

Restaurants

€€ | **Régulo** Serviert wird eine sehr gute kanarische und internationale Küche, die Gäste sitzen wahlweise im idyllischen Innenhof mit Holzgalerien oder in den Räumlichkeiten der historischen Villa. ■ Calle Pérez Zamora 16, Tel. 922 38 45 06, Mo–Do nur abends, Fr, Sa mittags und abends, Plan S. 64 b2

€€€ | **Brunelli's** Anspruchsvolles Steakhaus mit großer Auswahl an Fleischgerichten und Meerblick. Es liegt nahe des Loro Parque und gehört demselben Besitzer. ■ Calle Bencomo 42, Tel. 922 06 26 00, http://brunellis.com, tgl. mittags und abends, Plan S. 64 südwestl. a4

Cafés

Art & Co. Gemütliches Ambiente und sehr freundlicher Service. Es gibt leckere Kuchen und Torten, gute Cocktails sowie andere Drinks. ■ Calle Mequinez 25, Tel. 605 36 78 65, tgl. außer Mi morgens bis abends, Plan S. 64 b2

Terraza Taoro Oberhalb der Wasserfälle der Jardines Taoro, toller Weitblick nach dem anstrengenden Treppensteigen. Es gibt auch Mittag- und Abendessen sowie Tapas. ■ Carretera del Taoro 9, Tel. 922 38 88 68, www.terrazataoro.es, tgl. morgens bis abends, Plan S. 64 c4

Einkaufen

Artenerife Kunsthandwerk, garantiert auf Teneriffa gefertigt: Stickarbeiten, Keramik, Schmuck usw. Dazu Weine und Delikatessen wie Mojo-Soßen. ■ Real Casa de la Aduana (neben der Touristeninformation), Calle de las Lonjas, www.artenerife.com, Mo–Fr 10–20, Sa 10–17 Uhr, Plan S. 64 c2

13 La Orotava

Die Stadt der Balkone, der Gärten und des Kunsthandwerks

Die Altstadt von La Orotava wartet mit viel historischer Bausubstanz auf

Information

- Calle Calvario 4, im Untergeschoss des Auditorio Teobaldo Power, Tel. 922 32 30 41, www.laorotava.es, Mo–Fr 8–18, Sa, So 9–13 Uhr
- Parken siehe S. 72

6 *Idyllisches Städtchen mit viel wertvoller Architektur*

Während es sich in anderen Orten lohnt, auf einzelne Gebäude mit schön geschnitzten Holzbalkonen und Guillotine-Fenstern hinzuweisen, macht dies in La Orotava wenig Sinn, denn im historischen Zentrum sind nahezu alle Häuser alt und prachtvoll. Aufgrund der Lage in einer fruchtbaren Gegend war La Orotava jahrhundertelang besonders wohlhabend. Vor allem vom 16. bis zum 18. Jh., aber auch später entstanden herrschaftliche Familien- und Geschäftshäuser sowie Kirchen, von denen ein Großteil noch immer genutzt, gehegt und gepflegt wird. An den umgebenden Hängen stehen bescheidenere alte Wohngebäude, dicht gedrängt und zumeist ebenfalls picobello herausgeputzt.

Die Autofahrt vom zentralen Puerto de la Cruz nach La Orotava dauert nur rund zehn Minuten, die beiden Städte scheinen nahtlos ineinander überzuge-

Plan
S. 70

hen. Doch wenn man aus Richtung Norden kommend in La Orotava aus dem Auto steigt, hat man das Gefühl, weit entfernt zu sein vom quirligen Nachbarn Puerto de la Cruz. Die Stadt mit ihren immerhin 42 000 Einwohnern wirkt ruhig, ursprünglich, vergleichsweise wenig touristisch – und, klar, auch etwas provinziell. Es gibt keine Restaurants oder Läden, aus denen laute Musik dröhnt, keine unansehnlichen Hotels. Stattdessen kümmert man sich in La Orotava um die schönen kleinen Parks, man pflegt und fördert das tinerfenische Kunsthandwerk und feiert eines der aufwendigsten religiösen Feste Spaniens.

Sehenswert

1 Plaza de la Constitución

| Platz |

Perfekter Startpunkt für den Stadtspaziergang: Der Hauptplatz von La Orotava mit Jugendstilpavillon (der Anleihen an die Mudéjar-Ästhetik aufweist), Terrassencafé, schattigen Bänken unter hohen Bäumen. Auch bei den Einheimischen beliebt als Treffpunkt und zum Ausruhen – zumal der Platz einen weiten Ausblick bis zur Küste bietet.

2 Jardines del Marquesado de la Quinta Roja (Jardines de la Victoria)

| Park |

12 *Romantische Atmosphäre, anrührende Geschichte*

Überall rauscht und plätschert es, der Ausblick ist weit, auf den Bänken knutschen junge Pärchen: Die kleine Parkanlage im französischen Stil ist einer der romantischsten Plätze der Insel. Auf hohen, steilen Terrassen angelegt, zieren ihn Brunnen, kunstvoll gestutzte Hecken, blühende Beete und rankender Efeu. Der Park entstand Ende des 19. Jh. im Auftrag der Marquesa (Markgräfin) de la Quinta Roja, die hier ein Mausoleum für ihren jung verstorbenen Sohn errichten ließ – der Leichnam des Freimaurers war nämlich auf dem städtischen Friedhof zunächst nicht erwünscht. Später gelang es der Markgräfin jedoch, eine Bestattungserlaubnis des zuständigen Bischofs zu erzielen. Das marmorne Bauwerk, das bis heute auf der obersten Terrasse steht, blieb also ungenutzt.

Der ursprüngliche Name des Gartens lautet Jardines de la Victoria. Als die Stadt den Garten im Jahr 1991 erwarb und der Öffentlichkeit zugänglich machte, änderte sie den Namen in Jardines del Marquesado de la Quinta Roja. Viele Bewohner verwenden jedoch noch den alten Namen.

■ Mo–Fr 9–20, Sa, So 9.30–20.30 Uhr, Eintritt frei

3 Jardines Hijuela del Botánico

| Botanischer Garten |

Das »Töchterchen« (Hijuela) des botanischen Gartens in Puerto de la Cruz ist mit 3400 m² gar nicht mal so klein wie der Name vermuten lässt. Da er weitaus weniger bekannt ist als die »Mutter«, kommen nur wenige Besucher. Ganz in Ruhe kann man einen großen alten Drachenbaum bestaunen und zwischen Lorbeerbäumen, Bananenstauden und Hortensien spazieren.

■ Mo–Fr 9–18, Sa, So 10–15 Uhr, Eintritt frei

4 Plaza del Ayuntamiento

| Platz |

Die Bauarbeiten an dem 1869 fertiggestellten Rathaus (an der Stelle eines verstaatlichten Klosterbaus) dauerten 26 Jahre statt geplanter zweieinhalb, politische Querelen und Finanzprobleme hatten zu der Verzögerung geführt. So prachtvoll, wie der Bauzeitraum vermuten lässt, ist das Gebäude zwar nicht geworden, sehenswert sind aber der fein gearbeitete Giebelschmuck mit dem Stadtwappen sowie der weite Vorplatz, den Blumenrabatten, Wasserspiele und Rundbänke mit Stuckornamenten zieren. Er ist auch Schauplatz der Sandmalereien zu Fronleichnam (Corpus Cristi, S. 73).

5 Iglesia Nuestra Señora de la Concepción

| Kirche |

Die Hauptkirche von La Orotava entstand 1767, nachdem der Vorgängerbau aus dem frühen 16. Jh. durch Vulkanausbrüche beschädigt worden war. Besonders eindrucksvoll sind die Steinmetzarbeiten der barocken Fassade und die zwei schmuckreichen, 24 m hohen Türme. Das Innere der dreischiffigen Kirche zieren Säulen mit korinthischen Kapitellen. Durch eine hohe Kuppel strahlt helles Licht auf den Hauptaltar mit einem pompösen Marmortabernakel. Das von der Kirche aus zugängliche, recht große und schön gestaltete Museo de Arte Sacro zeigt religiöse Kunst und Kunsthandwerk (Gemälde, Gewänder, Gefäße, Monstranzen usw.).

■ Plaza Casañas, Kirche Mo–So 9–20 Uhr, Museo de Arte Sacro Mo–Fr 10–13 Uhr, Eintritt frei

6 Casa Lercaro

| Palast |

Der Adelspalast aus dem 17. Jh. beherbergt ein stilvolles Geschäft für Wohndekoration sowie ein Café und Restaurant. Auch wer weder etwas kaufen noch essen noch trinken möchte, kann in Ruhe die edle Architektur betrachten und die Atmosphäre im ruhigen, grünen Innenhof genießen.

■ Calle Colegio 7, Tel. 922 33 06 29, www.casalercaro.com, Geschäft Mo–Fr 10–18, Sa 10–14 Uhr

7 Casa de los Balcones

| Historisches Wohnhaus |

In dem eindrucksvollen, palastartigen Gebäude aus dem 17. Jh. lebten einst Großgrundbesitzer. Heute kommen die meisten Besucher wegen des großen Ladens darin, der auf tinerfenisches Kunsthandwerk spezialisiert ist. Zu kaufen gibt es v. a. Stickarbeiten (Tischdecken, Servietten), die im Haus hergestellt werden. Wenn nicht gerade Busladungen mit Touristen das Gebäude fluten, ist der Besuch der Casa de los Balcones mit großem Innenhof samt Holzgalerie ein Genuss. Zudem beherbergt es im 1. Stock ein Wohnmuseum, das Einblicke in Architektur und Alltagskultur gibt. Das Haus von außen anzuschauen, lohnt allemal: riesengroßer Holzbalkon, schmiedeeiserne Balkone, Guillotine-Fenster, allerlei Stuck.

■ Calle San Francisco 3, http://casa-balcones.com, tgl. 8.30–19 Uhr, Museum 5 €, Kinder ab 12 Jahren 2,50 €

Gefällt Ihnen das?

Dann sollten Sie auch **Garachico** (S. 78) besuchen, denn dort ist die Atmosphäre ganz ähnlich. Garachico ist zwar viel kleiner als La Orotava und liegt am Meer. Aber die Häuser und Plätze sind dort wie hier liebevoll gepflegt. Touristengruppen kommen meist nur kurz, ab 17 Uhr herrscht Beschaulichkeit, und die Einheimischen bleiben (fast) unter sich.

Ihre prächtigen Balkone gaben der Casa de los Balcones ihren Namen

8 Museo de Artesanía Iberoamericana

| Kunsthandwerksmuseum |

Kunstvoll gestaltete und hergestellte Gebrauchsgegenstände aus Lateinamerika und von den Kanarischen Inseln zeigt dieses Museum, das im

Der Ortskern von Realejo Bajo mit der Kirche Nuestra Señora de la Concepción

einstigen Kloster San Benito Abad aus dem 17. Jh. untergebracht ist: Keramik, Musikinstrumente, Spielzeug, Textilien, Kultgegenstände und mehr. Kunstvoll sind auch die Räume mit Kassettendecken und alten Holzböden.

■ Calle Tomás Zerolo, 34, http://artenerife.com, Mo–Fr 10–15, Sa 10.30–13.30 Uhr, 2 €, Kinder frei

9 Centro de Interpretación del Parque Nacional del Teide »Telesforo Bravo«

| Informationszentrum |

Das neue Ausstellungshaus informiert eindrücklich über die Geografie und Biologie des Nationalparks sowie über die Menschen, die in und mit der Landschaft lebten oder sie besuchten (wie etwa der deutsche Reisende und Forscher Alexander von Humboldt).

■ Calle Dr. Sixto Perera González 25, Di–So 9–14, 15.30–18 Uhr, Entritt frei

P Parken

Calle Domingo Domínguez Luis ■ Großer öffentlicher Gratisparkplatz, geht am südwestl. Ende der Straße ab, Zufahrt auch über Calle Educadora Lucía Mesa, Plan S. 70 östl. b2

Parking Centro La Orotava ■ Calle Inocencio García, Tel. 922332359, 1,80 €/Std., Plan S. 70 a2

Restaurants

€ | **Tasca Orotava** Einfaches Bar-Restaurant und Frühstückslokal. Hausmannskost, Tapas, Burger. Sehr preiswert und solide. ■ Calle Tomás Calamita 3, Tel. 922336208, tgl. von früh morgens bis nachts, Plan S. 70 östl. b1

€€ | **Restaurant Victoria** Gehobene kanarische Küche mit kreativem Touch im prachtvollen Gebäude aus dem 16. Jh. ■ Im Hotel Victoria, Calle Hermano Apolinar 8, Tel. 922331683, www.hotelruralvictoria.com, tgl. mittags und abends, Plan S. 70 a4

Einkaufen

Canarias Concept Kunst und Handwerk von den Kanarischen Inseln, hier aber weniger traditionell ausgelegt, dafür etwas jünger und breiter gefächert. Neben Schmuck, Keramik usw. sind auch Wein, Postkarten, Kosmetik, Gofio und Musik-CDs im Sortiment. ■ Calle Carrera del Escultor Estévez, Mo–Sa 10–19 Uhr, Plan S. 70 a3

Casa Torrehermosa Hauptniederlassung der Läden »Artenerife«, die ausschließlich auf Teneriffa hergestelltes Kunsthandwerk anbieten: traditionell gestickte Textilien, bunt bedruckte T-Shirts, Goldschmiede-, Filz-, Glasarbeiten und anderes. Hier kann man auch Kunsthandwerkern bei ihrer Arbeit über die Schulter schauen. ■ Calle Tomás Zerolo 34, http://artenerife.com, Mo–Fr 10–17 Uhr, Plan S. 70 a1

Kinder

Museo Etnográfico de Pinolere In Strohdachhäuschen präsentiert das Museum alte Handwerksberufe und Beispiele traditioneller Wohnkultur, es gibt einen Heilkräutergarten sowie Hühner- und Kaninchengehege. Das Museum organisiert einmal jährlich im September ein großes, mehrtägiges Event: Dann führen rund 200 Handwerker und Kunsthandwerker interessierten Gästen ihre Arbeit vor. ■ Calle Alzados Guanches, Pinolere, Tel. 922 32 69 24, Di–So 10–14 Uhr, 2 €, Kinder 1 €

Events

Corpus Cristi Anlässlich des Fronleichnamsfestes schmücken die Einwohner von La Orotava ihre Straßen und Plätze zwischen der Kirche La Concepción und dem Rathaus mit großen Teppichen aus Blumen und vielfarbigem Vulkansand. Dabei entstehen insgesamt mehrere tausend Quadratmeter große Kunstwerke. Sie zeigen religiöse, ländliche oder auch soziale und abstrakte Motive, der größte Sandteppich breitet sich über den Rathausplatz aus. Der Termin liegt jeweils eine Woche nach dem eigentlichen Fronleichnamstermin, die Festlichkeiten einschließlich einer Prozession dauern mehrere Tage. Das Fest gehört zu den wichtigsten auf den Kanarischen Inseln – und wohl auch in ganz Spanien.

In der Umgebung

Valle de la Orotava
| Landschaft |
An den meisten Tagen des Jahres bringen Passatwinde Wolken mit sich, die am nördlichen Rand der tinerfenischen Berge hängenbleiben. Sie sorgen für milde Temperaturen und fruchtbare Landwirtschaft – ganz besonders im Tal von Orotava. Hier gedeihen edler Wein, köstliche Bananen und andere Früchte, in höheren Lagen finden sich Pinienwälder (mit den robusten Pinos canarios) und teilweise auch Lorbeerwälder (Laurisilva). Weite Ausblicke auf die Landschaft eröffnen sich z. B. vom Mirador el Lance und Mirador de la Corona (S. 75). Der in vielen Publikationen empfohlene Mirador Humboldt bei La Orotava ist seit Jahren geschlossen. Mit dem Auto entdeckt man das Gebiet auf der Landstraße TF 21.

14 Los Realejos

Typischer kanarischer Alltag in einem authentischen Inselstädtchen

Information

■ Plaza de la Unión, Tel. 922 34 61 81, www.losrealejos.travel, Mo–Fr 9.30–13.30 Uhr

Der Ort besteht aus zwei Teilen. In Realejo Bajo sind rund um die Kirche Nuestra Señora de la Concepción (18. Jh.) einige historische Gebäude (17.–20. Jh.) erhalten geblieben. In Realejo Alto, dem oberen Ortsteil, steht die Kirche Santiago Apostól. Sie gilt als älteste Kirche der Insel, eine erste Kapelle soll im Jahr 1496 geweiht worden sein. Legenden bzw. nicht gesicherten

Überlieferungen zufolge wurden hier die neun Menceyes der Guanchen getauft. Die Kirche wurde bis ins 20. Jh. immer wieder erweitert, sie hat einen schönen Vorplatz mit hohen Bäumen, einem Terrassencafé und der Büste eines wichtigen spanischen Dichters und Gelehrten, der in Realejo Alto geboren wurde: José Antonio Viera y Clavijo (1731–1813). Gegenüber befinden sich eine Aussichtsplattform und die Casa de la Cultura (Kulturzentrum) mit prächtigem Eingang und Holzbalkon. Obwohl der Ort ein wenig verbaut und renovierungsbedürftig wirkt, lohnt sich ein Spaziergang: Zwischen Geschäften, Wohnhäusern und Cafés kommt man gut in Kontakt mit dem ganz normalen Alltag in einem ganz normalen Ort.

In der Umgebung

Mirador de San Pedro

| Aussichtspunkt |

Nah an der Landstraße TF 5 und doch ruhig und idyllisch liegt dieser Aussichtspunkt, der ein weites Panorama über die teils grün-liebliche, teils dramatisch-felsige Küste freigibt – und das sowohl Richtung Osten wie auch nach Westen. Die sehr freundlichen Kellner des gleichnamigen Restaurants (Sitzplätze draußen und drinnen) servieren solide Fisch- und Fleischgerichte, teils auch etwas gewagte Rezepte wie »Schweinefleisch mit Apfel-Zimt-Soße«. Wer nur ein Getränk und/oder eine Kleinigkeit zu Essen bestellt, ist ebenfalls willkommen. Das Restaurant ist täglich morgens bis abends durchgehend geöffnet.

Mirador el Lance

| Aussichtspunkt |

Oberhalb von Realejo Alto blickt man hier auf das Orotava-Tal und Puerto de la Cruz. Im Terrassencafé treffen sich Einheimische gern zum Feierabendbier. Eine Bronzestatue ehrt den Mencey Bentor, er soll sich von den Felsen in den Tod gestürzt haben, um sich nicht den spanischen Eroberern ergeben zu müssen.

San Juan de la Rambla liegt schön an der Steilküste und besitzt ein uriges Zentrum

Mirador de la Corona

| Aussichtspunkt |

13 *Panoramaausblicke, fast so weit als würde man fliegen*

Wer meint, die Ausschilderung oder das Navi führe ihn in die Irre, braucht nur noch etwas Geduld, dann hat er das Ziel erreicht – am Ende einer schmalen, einsamen Straße. Der Blick reicht weit über Santa Cruz, das Orotava-Tal, die Küste und Plantagen; man genießt eines der schönsten und weitesten Panoramen der Insel. Hier befindet sich auch ein beliebter Startpunkt für Gleitschirmflüge.

15 San Juan de la Rambla

Verträumtes Dörfchen mit einer Reihe von schönen alten Gebäuden

Information

■ Calle El Rosario 3, Tel. 922 36 02 39, www.sanjuandelarambla.es, Mo–Sa 9–13 Uhr

Schmale Gassen, weiße Häuser, alles tipptopp gepflegt: So sieht es aus im historischen Dorfkern rund um die Kirche San Juan Bautista (gegründet im 16. Jh., neu errichtet im 18. Jh.). Manche Häuser haben kunstvoll geschnitzte Fensterläden; bei einigen, wie der Casa de los Delgado Oramas, sind große, verzierte Holzbalkone erhalten. Westlich unterhalb des Dorfes liegt der beliebte Naturswimmingpool Charco La Laja. Im Ortsteil Las Aguas, an der Küste östlich des Dorfzentrums, treffen sich die Einheimischen gern zum Sonnenuntergang und zum Abendessen in einem von mehreren Fischrestaurants. Der Blick reicht weit über die steile Küste bis zu den Hotelhochhäusern, die in Puerto de la Cruz an den Wolken kratzen.

ADAC Spartipp

Wer öfters mit den Überlandbussen von Titsa unterwegs ist, sollte sich eine **Ten+ Karte** besorgen, eine Art Prepaid-Card. Sie kostet einmalig 2 €, man kann sie mit einem Guthaben zwischen 5 und 100 € aufladen, die Ersparnis pro Fahrt beträgt dann bis zu 30 %. Die Karte ist übertragbar und gilt für alle Busse und Straßenbahnen der Insel mit Ausnahme der Linien im Nationalpark und im Teno-Gebirge. Erhältlich an Busbahnhöfen und in Kiosken mit dem Titsa-Logo.

Restaurants

€ | **Casa mi madre** Solide traditionelle Küche, sehr freundlicher Service, und es gibt eine kleine Terrasse mit weitem Blick über die Küste. ■ Calle el Cantito 16, Tel. 922 36 07 56, Do–Sa mittags und abends, So, Mo nur mittags

16 Icod de los Vinos

Stimmungsvolles Dorf und Heimat des berühmtesten Baumes der Insel

Information

■ Plaza Luis León Huerta 1, Tel. 922 86 96 00, www.turismoicoddelosvinos.com, Mo–Fr 10.30–13.30 Uhr

■ Parken siehe S. 77

Seinen Ruhm verdankt dieses Dorf einem einzigen Baum, dem »Drago Mile-

Der uralte »Drago Milenario« gilt als Wahrzeichen von Icod de Los Vinos

nario«, zusätzlich zur Baumbesichtigung sollte man eine halbe bis ganze Stunde für einen Spaziergang einplanen. Zentrum und Schmuckstück des Ortes ist die Plaza de Andrés de Lorenzo Cáceres mit der Kirche San Marcos (16.–18. Jh.). Der parkartige Platz ist auf mehreren Ebenen angelegt, er wurde im 16. Jh. entworfen, bis ins 20. Jh. gestaltet und erweitert. Den Einheimischen dient er als Boulevard, Spielplatz und Treffpunkt. Südlich grenzt die Plaza de la Constitución an, sie umgeben edle historische Wohnhäuser, darunter die Casa de Lorenzo Cáceres (19. Jh.), die von innen besichtigt werden kann. Viele Geschäfte und Weinstuben bieten Proben der guten Weine, die in der Umgebung gedeihen.

Sehenswert

Parque del Drago

| Botanischer Garten |

Von dem Drachenbaum, um den dieser Garten mit inseltypischen Pflanzen angelegt wurde, vermutete man einst, er wachse seit einem oder gar mehreren Jahrtausenden – daher der Name »Drago Milenario«. Heute schätzt man das Alter des knorrigen Gewächses auf 600 bis 800 Jahre. Der Eintrittspreis beinhaltet auch die Besichtigung des historischen Wohnhauses Casa de Lorenzo Cáceres an der Plaza de la Constitución mit Ausstellungen kanarischer Künstler. Kostenfrei und ohne Besuch des botanischen Gartens sieht man den Baum von der Plaza de Andrés de Lorenzo Cáceres (oberhalb Calle Arcipreste Osuna).

■ Calle el Barranco, April–Sept. tgl. 9.30–19, Okt.–März 10–18 Uhr, 5 €, Kinder 2,50 €

Museo Guanche

| Museum |

Mit lebensgroßen Figuren vermittelt die Ausstellung lebendige Eindrücke vom Alltag der Guanchen – der Menschen, die Teneriffa vor der Ankunft der Spanier bewohnten und deren Kultur sich noch im 15. Jh. auf dem Niveau der Steinzeit befand.

■ Calle Pepe Floro 5–7, Centro Comercial La Magalona, Tel. 922 19 10 04, http://museoguanche.com, Di–Fr 10–18, Mo, Sa 10–14, 14.30–18 Uhr, 6 €, Kinder 3 €

Artlandya

| Puppenmuseum |

Mit viel Liebe und Sachverstand haben die Österreicher Georg und Ingrid Taupe eine Finca-Ruine wieder aufgebaut und darin das einzigartige Museum für zeitgenössische Puppenkunst eingerichtet. Es zeigt eine Sammlung von 360 Puppen und 220 Teddys – wertvolle Werke internationaler Künstler. Die meisten davon sind anrührend und ehrfurchtgebietend zugleich, so detailreich und ausdrucksstark zeigen sie sich. Der Eintrittspreis enthält eine individuelle Führung für jeden Besucher (ohne Voranmeldung), und es ist ein großer Genuss, wenn die Museumsleiterin oder ihr Mann Gäste mit ihren Puppenwelten vertraut machen.

■ Camino el Moleiro 21, Santa Bárbara (ein Ortsteil von Icod de los Vinos, etwa 4 km vom Drachenbaum entfernt), www.artlandya.com, Di–So 10–18 Uhr, 10 €, Kinder 4,50 €

Playa de San Marcos

| Strand |

Der dunkle Strand war einmal recht groß, wird allerdings immer kleiner. Woran genau das liegt, weiß niemand so genau, deshalb streitet die Gemeinde auch, wie Abhilfe zu schaffen sei. Derweil vergnügen sich die Besitzer der umliegenden Ferienwohnungen weiterhin beim Baden in der Bucht, die durch Felsen vor den Wellen geschützt ist. Anschließend gibt es einen Cocktail in einer der kleinen Bars oder eine Pizza im echt italienischen Restaurant (»Italia in Bocca«, direkt am Strand). Kurioserweise hat die kleine Feriensiedlung eine Kirche mit angeschlossener Kapelle am Strand.

P Parken

Kostenpflichtig im Ortszentrum: Parking El Drago, Avenida Canarias 2, 1,80 €/Std. Kostenfrei am Strand: großer öffentlicher Parkplatz.

Im Blickpunkt

Sagenhafte Pflanzenwelt

An die 2000 Pflanzenarten sind auf Teneriffa heimisch – der Topografie, dem Klima und den unterschiedlichen Böden sei Dank. Besonders ins Auge fallen z. B. Tabaiba dulce (Balsam-Wolfsmilch, ein knorriger Strauch mit vielen Ästen und kleinen Blättern), Säuleneuphorbie (an Kakteen erinnernde Pflanzen mit bis zu 4 m hohen Armen), diverse Aeonium-Arten (niedrig wachsend, rosettenförmig, mit dicken grünen Blättern) und Kanarische Dattelpalmen (Phoenix canariensis). Eine Sonderstellung genießt der Drachenbaum (Drago), der ungewöhnlich aussieht und vielfältig verwendbar ist. Sein roter Saft, genannt Drachenblut, soll Heilkräfte haben, aus seinen Früchten werden Gelees und Liköre hergestellt, die Blätter sind stärkendes Tierfutter, getrocknet lassen sich Körbe daraus flechten. In freier Natur kommt das Gewächs (genau genommen kein Baum, sondern eine Lilienart) nur noch recht selten vor, in Parks und Gärten wird es gehegt, gepflegt und geliebt.

Extrem robust ist die Kanarische Kiefer (Pino canario), ihrer dicken Rinde können Waldbrände wenig anhaben. Zwar verbrennen Nadeln und Zweige, doch die Stämme regenerieren sich und schlagen erneut aus. Während die Nadeln europäischer Kiefern paarweise auftreten, haben kanarische Kiefern jeweils zu dritt gebündelte Nadeln.

In der Umgebung

Cueva del Viento

| Höhle |

7 *Auf verborgenen Pfaden geht es hinunter ins Innere der Erde*

Die »Höhle des Windes« ist mit 18 km der fünftlängste Lavatunnel der Welt (alle längeren befinden sich auf Hawaii), er entstand bei einem Vulkanausbruch vor 27 000 Jahren und ist Teil eines einzigartigen Systems über- und untereinander verlaufender Tunnel.

In der Höhle haben sich endemische Tiere entwickelt, aufgrund der totalen Dunkelheit gibt es etwa blinde Schaben und farblose Asseln. Zum Schutz des Ökosystems sind Besichtigungen nur in Gruppen von maximal 16 Teilnehmern möglich, täglich werden nicht mehr als 80 Gäste zugelassen. Sehr qualifizierte Guides leiten die gut zweistündigen Führungen – ein nicht nur informatives, sondern auch sinnlich eindrucksvolles Erlebnis.

■ Calle los Piquetes 51 (etwa 20 Autominuten vom Parque del Drago entfernt), Tel. 922 81 53 39, www.cuevadelviento.net, tgl. Führungen (unterteilt in deutsch-, englisch-, spanischsprachige Gruppen), Teilnahme nur nach Online-Anmeldung, 20 €, Kinder 8,50 €

17 Garachico

8 *Idyllisch gelegenes Dorf mit authentischer Atmosphäre*

Information

■ Avenida República de Venezuela (an der alten Mole am westlichen Ortseingang), Tel. 922 13 34 61, www.turismo.garachico.es, Mo–Fr 10-17, Sa, So 10–15 Uhr

Einst war das im 15. Jh. gegründete Garachico ein stolzes, reiches Städtchen, hier befand sich der wichtigste Hafen der Insel; der Handel mit Amerika, Afrika und Europa hatte hier sein

Die Hafenfestung Castillo de San Miguel in Garachico wurde bereits 1575 errichtet

tinerfenisches Zentrum. Ein gewaltiger Vulkanausbruch im Jahr 1706 machte dem ein Ende, der Hafen versank unter Lava und Asche. Seither leben die Menschen v. a. von Landwirtschaft und Fischerei – heute auch ein wenig vom Tourismus, aber die meisten Gäste bleiben nur für eine Stippvisite.

Schon von der Ferne sieht Garachico märchenhaft aus: Auf einer Lava-Landzunge unterhalb des etwa 600 m hoch gelegenen Dorfes El Tanque schmiegen sich in Gelb, Rot, Blau und Grün gestrichene Häuser aneinander und an den Meeressaum. Auch von Nahem betrachtet hat Garachico eine besondere Atmosphäre, der Ort ist gepflegt, aber nicht übertrieben poliert; einfache Wohnhäuser wechseln sich mit alten Adelspalästen ab.

Seit einigen Jahren verfügt Garachico auch wieder über einen Hafen (am östlichen Ortsrand), allerdings machen dort nicht gerade viele Fischer- und Sportboote fest.

Sehenswert

Iglesia de Santa Ana

| Kirche |

Das Hauptkirchlein stammt aus dem 16. Jh., wurde beim Vulkanausbruch des Jahres 1706 zerstört und im recht schlichten inseltypischen Stil wieder aufgebaut. Im Inneren fallen zunächst die Säulen und Bögen auf, dann die kunstvoll geschnitzten Decken. Feine Schnitzkunst zeigt sich auch bei den Figuren am Altar des Allerheiligsten links vom Hauptaltar. Im Eintrittspreis enthalten sind der Besuch einer kleinen Ausstellung religiöser Kunst und der Aufstieg auf den Turm.

■ Calle Francisco Montesdeoca, Mo–Fr 10.30–16.30 Uhr, 1 € (ohne Turm)

Der Turm der Iglesia de Santa Ana überragt die Altstadt von Garachico

Plaza de la Libertad und Plaza Glorieta San Francisco

| Platz |

Auf den ineinander übergehenden Plätzen spielt sich ein Großteil des gesellschaftlichen Lebens von Garachico ab, hier trifft man sich, hier trinkt man einen Kaffee oder ein Bier, liest Zeitung, plaudert oder flirtet. Für die Bewirtung sorgt ein Jugendstilpavillon mit Tischen unter freiem Himmel – bzw. unter Palmen und Lorbeerbäumen. Historische Bauten säumen die Plätze, darunter das einstige Kloster Convento de San Franciso, das Rathaus und einige Adelspaläste. Ein Denkmal ehrt Lateinamerikas Freiheitskämpfer Simón Bolívar, der aus Garachico stammende Vorfahren hatte.

Espacio Cultural CajaCanarias de Garachico

| Kulturzentrum |

Seit dem Jahr 2016 unterhält die Sparkasse der Kanarischen Inseln dieses Ausstellungs- und Veranstaltungszentrum, untergebracht in einem historischen Gebäude mit bewegter Geschichte. Es diente in früherer Zeit als Kloster, dann als Familiensitz eines Bürgermeisters, es brannte mehrfach ab und wurde immer wieder neu errichtet. Zu sehen sind hochwertige Kunst- und Dokumentationsausstellungen, darunter jährlich im Mai/Juni die Fotoschau »European Wildlife Photographer of the Year«.

■ Calle Esteban de Ponte 31, www.cajacanarias.com, Bei Ausstellungen Di–Sa 10–13, 17–20, So 10–13 Uhr, Eintritt frei

Antiguo Convento de Santo Domingo de Guzmán

| Kloster |

Das Dominikanerkloster aus dem 17. Jh. überstand den Vulkanausbruch des Jahres 1706 unbeschadet. Man kann es nicht betreten (es beherbergt heute ein Altenheim), dennoch lohnt der Besuch – wegen der schönen Fassade mit Holzbalkonen und wegen des lauschigen, grünen Vorplatzes.

■ Calle Santo Domingo 1

El Caletón

| Naturbad |

Die Badelandschaft, direkt unterhalb der Altstadt gelegen, besteht aus verschiedenen Naturbecken aus Lavagestein bzw. Becken, die von der Natur geformt und für Menschen angepasst wurden. Sie sind unterschiedlich groß, hervorragend für Kinder wie Erwachsene geeignet und auch architektonisch ein echter Hingucker. In den Sommermonaten stehen Duschen und Toiletten bereit, und es gibt eine Badeaufsicht.

■ Eintritt frei

ADAC Mittendrin

Die allermeisten Touristen kommen im Rahmen von **Tagesausflügen** nur für eine Stunde nach Garachico, ansonsten sind die Einheimischen meist unter sich – und heißen Gäste herzlich willkommen. Ja, hier ist es tatsächlich noch möglich, ins »authentische Inselleben« einzutauchen. Vor allem, wenn man auch über Nacht bleibt, am Nachmittag im kleinen Krämerladen etwas kauft, sich abends auf einem der Dorfplätze bei einem Bier zu den Einheimischen gesellt, am Morgen im Schwimmbad seine Bahnen zieht und anschließend in einem Café an der Theke einen »cortado« nimmt.

P Parken

Kostenfreie Parkplätze findet man an der alten Mole am westlichen Ortseingang (bei der Touristeninformation), an der Uferstraße am östlichen Ende des Fußballstadions sowie im Ortszentrum hinter dem Rathaus.

Restaurants

€ | **La Perla** Sehr schlichte Einrichtung, sehr günstige Preise, sehr bodenständige Küche. Auf den Teller kommen etwa Schweineschnitzel, Fleischklöße, Fischfilet usw. ■ Calle 18 de Julio 8, Tel. 922133302, Mo, Fr, Sa mittags und abends, Di, Do, So nur abends

€–€€ | **Casa Gaspar** Klein, familiär, auch bei Einheimischen sehr beliebt.

Auf der Karte stehen traditionelle kanarische Speisen, hauptsächlich Fisch und Meeresfrüchte, zubereitet wie in der guten, heimischen Küche. ■ Calle Estéban de Ponte 44, Tel. 922830040, Mi–Sa mittags und abends

€€ | Mirador de Garachico Hier genießt man eine gehobene kanarische Küche mit internationalen Einflüssen – frisch, fantasievoll und sehr freundlich serviert. ■ Calle Francisco Martínez de Fuentes 17, Tel. 922831198, www.miradordegarachico.com, Mo, Di, Fr–So mittags und abends

Kneipen, Bars und Clubs

Lynch Feine Cocktails zu günstigen Preisen im coolen, aber nicht unterkühlten Ambiente. Die Bar (an einer Ecke der Plaza Glorieta San Francisco) ist sehr klein, hat ein paar Tische draußen, gelegentlich gibt es Livemusik. ■ Calle Eutropio Rodríguez de la Sierra 3, Tel. 922073662, Mo, Di nachmittags bis nachts, Mi–So mittags bis nachts

Einkaufen

Mirador de Garachico Kunsthandwerk, Souvenirs, tinerfenischer Wein und Naturkosmetik mit Aloe Vera und Banane. ■ Calle Esteban de Ponte 28, www.miradordegarachico.com, Mo–Sa 10.30–20, So 9–17 Uhr

Tabacos Arturo Arturo, seiner Frau Ana und ihrem Sohn Fran kann man in diesem urigen Laden zuschauen, wie sie Zigarren rollen. Die Tabakblätter stammen aus Sumatra, Brasilien und von der Nachbarinsel La Palma. Außer selbst hergestellten Zigarren der Marke Macuba gibt es auch andere Tabakspezialitäten zu kaufen. ■ Avenida Tome Cano 8, Mo–Fr 10–17, Sa 10–14 Uhr

Sport

Das öffentliche **Freibad** liegt direkt am Meer, ist mit Atlantikwasser gefüllt, modern und nie zu voll.

■ Avenida Tome Cano, Di–So 9–19.30 Uhr, 3 €, Kinder 1 €

Die natürlichen Becken von El Caletón entstanden 1706 bei einem Vulkanausbruch

Übernachten

Das Angebot an Hotels ist in Puerto de la Cruz groß – je weiter im Zentrum oder je näher am Strand gelegen, desto mehr Unruhe ist in Kauf zu nehmen. Wie im Süden der Insel gilt auch hier: Wer länger als ein paar Tage bleibt, reist als Pauschaltourist oft preiswerter als mit individueller Buchung von Flug und Hotel. Ansonsten gibt es im Norden recht wenige Unterkünfte, zur Auswahl stehen fast nur Landhotels und Ferienwohnungen.

Puerto de la Cruz 62

€–€€ | Hotel Vallemar Gegenüber der Badelandschaft Costa Martiánez liegt das Urlaubshotel (4 Sterne) mit Bio-Restaurant. Alle Zimmer haben Balkon, Klimaanlage, Heizung. Wer Ruhe wünscht, sollte in den oberen Etagen logieren. Parkplatz 10 €/Tag (Ermäßigung bei längerem Aufenthalt), limitierte Plätze, bitte reservieren. ■ Avenida de Colón 4, Tel. 922 38 48 00, www.hotelvallemar.com

€€ | Hotel Riu Garoe Modernes Ferienhotel in einem ruhigen Viertel, 2 km von der Costa Martiánez entfernt. Swimmingpool, Sonnenterrasse, Hallenbad, kostenloser Shuttlebus ins Zentrum. Parken 8 €/Tag (oder kostenlos in der Umgebung). ■ Calle Dr. Celestino González Padron 3, Tel. 922 38 29 88, www.riu.com

€€€ | Hotel Botánico Sehr elegantes Fünf-Sterne-Hotel, eines der ersten Häuser der Insel. Großer Garten, Swimmingpool, Gourmetrestaurants, Spa- und Wellnessbereich im orientalischen Stil. Das Traditionshaus betreibt die Familie Kiessling (»Loro Parque«, »Siam Park«). Parkplätze sind kostenfrei. ■ Avenida Richard J Yeoward 1, Tel. 922 38 14 00, http://hotelbotanico.com/de

€€€ | Hotel Tigaiga Im grünen, ruhigen Süden der Stadt gelegenes Vier-Sterne-Hotel, familiengeführt seit vielen Generationen. Die Zimmer sind renoviert, haben Balkon, Klimaanlage und bieten schöne Ausblicke auf Teide und Orotava-Tal. Großer Garten, Swimmingpool, Sauna. Sehr beliebt, rechtzeitig reservieren! Parkplatz kostenfrei. ■ Parque Taoro 28, Tel. 922 38 35 00, http://tigaiga.com

La Orotava 68

€ | Hotel Rural Victoria An die 500 Jahre alt ist das Haus mit Holzgalerien, Holzbalkon, kunstvoll gefliestem Innenhof, Dachterrasse und edlen Zimmern. Es befindet sich im historischen Zentrum. ■ Calle Hermano Apolinar 8, Tel. 922 33 16 83, www.hotelruralvictoria.com

Los Realejos 73

€ | Hotel Rural Bentor Modern-rustikal eingerichtete Zimmer in einem historischen Gebäude aus dem 17. Jh. im Ortszentrum von Realejo Bajo. Mit Swimmingpool und angeschlossenem Restaurant. ■ Calle del Cantillo de Abajo 6, Tel. 922 35 34 58, www.hotelruralbentor.com

Icod de los Vinos 75

€–€€ | Casonas de Marengo Sechs Ferienhäuser aus dem 18. Jh. auf einer großen Finca mit Blick auf den Teide und das Meer, jeweils für maximal zwei Erwachsene plus zwei Kinder. Alle Häuser sind gut ausgestattet, mit Terrasse, Küche, Heizung. Gemeinschaftsflächen: Pool, Gärten, Kinderspielplatz. ■ Camino Marengo, Cueva del Viento (südlicher Vorort von Icod de los Vinos), Tel. 922 81 49 85, www.casonasdemarengo.es

€–€€ | Hotel Emblemático San Marcos Nur sechs Zimmer (z. T. mit Balkon) in einem herrschaftlichen Wohngebäude aus dem 18. Jh. im historischen Zentrum des Ortes. Liebevoll saniert, gehobener Standard. Nur für Erwachsene. ■ Calle Hércules 11, Tel. 922 81 65 09, http://sanmarcos-hotel.es

Garachico 78

€–€€ | Garahotel Gutes Mittelklassehotel am Ortsrand, in einem alten Wohnpalast (18. Jh.). Terrasse und manche Zimmer mit Meerblick. Alle Zimmer mit Kühlschrank, Klimaanlage, Bademänteln, Föhn usw. ■ Calle Esteban de Ponte 2, Tel. 922 83 11 68, www.garahotel.com

€–€€ | Hotel Rural El Patio Auf einem Landgut, umgeben von Bananenplantagen, erhebt sich das stilvolle, gemütliche Hotel. Gegründet wurde das Anwesen im 16. Jh., aus der Zeit ist eine Kapelle erhalten geblieben. Komfortable Zimmer, rustikal und teilweise mit Antiquitäten eingerichtet. Großer Hof mit alten Palmen und Drachenbäumen. ■ Finca Malpaís 1, El Guincho (Vorort östl. von Garachico), Tel. 922 13 32 80, www.hotelpatio.com

€€ | Isla Baja Suites Unterschiedlich große (und unterschiedlich teure) Apartments, untergebracht in einem historischen Gebäude. Die Zimmer mit Meerblick gehen zur Küstenstraße, die tagsüber manchmal recht stark befahren ist. ■ Calle Esteban de Ponte 3, Tel. 922 83 00 08 www.islabajasuites.com

ADAC Das besondere Hotel

Am schönsten Platz von Garachico steht der Adelspalast **Quinta Roja** aus dem 17. Jh. Er ist um einen Innenhof erbaut, in dem man sich unter Palmen auf gemütlichen Sofas ausruhen kann. Von einer Holzgalerie gehen im ersten und zweiten Stock die 20 Zimmer ab, sie haben alte Holzböden, -decken, viel Komfort und sehr viel Flair. Kostenloser Mountainbike-Verleih.

€€ | Quinta Roja, Plaza de la Libertad 1, Garachico, Tel. 922 13 33 77, www.quintaroja.com

Macizo de Teno und der Westen

Von romantischer Einsamkeit zu lebhaften Badeorten – hier liegen verschiedene Urlaubswelten sehr nah beieinander

Ganz oben im Nordwesten, wo Dörflein wie Los Silos und Buenavista del Norte liegen, kommen kaum Touristen vorbei. Wer den Weg nicht scheut, findet sich zwischen weiten Bananenplantagen wieder, auf kleinen Dorfplätzen und an Küsten, so einsam, dass sie viel Platz für Träume lassen. Das Macizo de Teno (Teno-Massiv) ist ein enorm vielfältiges Naturschutzgebiet und Wanderland, aber auch mit dem Auto gut erfahrbar. Kontrastprogramm: Weiter südlich liegen dicht bebaute Urlaubssiedlungen wie Los Gigantes oder Puerto de Santiago. Auch diese Orte haben Charme, den man allerdings erst im zweiten oder dritten Moment spürt.

In diesem Kapitel:

ADAC Empfehlungen:

14 Barranco de Masca
| Wandern |
Anspruchsvoll – und dennoch der beliebteste Wanderweg von allen: vom Bergdorf Masca auf steilem Pfad hinab zum Meer. Krönender Abschluss: mit dem Wassertaxi entlang der Steilküste. 88

15 El Rincón de Juan Carlos, Los Gigantes
| Restaurant |
Gourmetrestaurant mit einem Michelin-Stern, kreative Küche in schönem, aber nicht überkandidelten Ambiente. Ein tolles Geschmackserlebnis sind die Degustationsmenüs. 91

16 Playa de Abama
| Strand |
Die Strandbucht gehört zum Fünf-Sterne-Hotel, doch auch Nicht-Hotelgäste genießen hier Luxus: feiner weißer Sand, schöne Umgebung, eine gute Bar. Vielleicht der beste Strand im Westen. 93

25

16

14

20

Die Kirche Nuestra Señora de los Remedios im Zentrum von Buenavista del Norte

18 Los Silos

In dieses verborgene Kleinod kommen nur ganz wenige Touristen

i Information

■ Convento de San Sebastián, Plaza Nuestra Señora de la Luz 9, Tel. 922 84 10 86 www.lossilos.es, Mo–Fr 9–15, Sa 9–14 Uhr

Rund um die stimmungsvolle Plaza Nuestra Señora de la Luz liegen schöne oder zumindest bemerkenswerte Gebäude wie die schneeweiße Kirche Nuestra Señora de la Luz, gegründet im 16. Jh. Ihre Hauptfassade mit drei Türmen stammt aus den 1920er-Jahren. Das Rathaus befindet sich in einem typischen Herrenhaus des 18. Jh. Ebenfalls in den 1920er-Jahren erhielt es eine neue Fassade, entworfen von Mariano Estanga, dem Architekten, der auch die Kirche neu gestaltete. Das einstige Franziskanerkloster San Sebastián beherbergt die Touristeninformation und ein Kulturzentrum. Der Hauptplatz ist schön bepflanzt, in der Mitte steht ein Café-Pavillon, an dem sich die Dorfbewohner gern treffen.
Zu Los Silos gehören die Badeorte La Caleta de Interián und El Puertito de Daute, beide mit Kiesstränden, umgeben von Plantagen. Sie sind beide dicht bebaut, v. a. El Puertito de Daute enttäuscht wegen der Hochhäuser, die so gar nicht in die Umgebung passen.

P Parken

Öffentlicher Parkplatz an der Calle Susana (hinter dem Kloster), kostenfrei.

19 Buenavista del Norte

Reiseziel für Wanderer, Golfspieler und Liebhaber der Einsamkeit

i Information

■ Plaza de los Remedios, Casa Matula, Tel. 922 12 80 80, http://buenavistadelnorte.es, Mo–Fr 9–15 Uhr

Der kleine Ort hat einen hübschen Hauptplatz, die Plaza de los Remedios, mit alten Bäumen, Bänken und einem Pavillon. Rundherum stehen inseltypische Häuser und die im 16. Jh. gegründete Kirche Nuestra Señora de los Remedios. Von Bedeutung ist Buenavista del Norte aber v. a. als Ausgangspunkt für den Ausflug zur Punta de Teno und als Reiseziel für Golfer.

Restaurants

€€ | El Burgado Man genießt eine gehobene Fischküche direkt am Strand mit Panoramaterrasse und toller Aussicht auf die Steilküste. ■ Playa de las Arenas, Tel. 922127831, http://restauranteelburgado.com, tgl. von mittags bis abends durchgehend geöffnet

Sport

Buenavista Golf 18-Loch-Golfplatz, wunderschön gestaltet und in spektakulärer Umgebung mit Bergen, Klippen und Meer. ■ Calle Vista La Monja, Tel. 922 129034, www.buenavistagolf.es

Wandern

Ein Ausflugsprogramm inkl. einer geführten Wanderung zur Punta de Teno (siehe unten) bietet die Agentur El Cardón Nature Experience. ■ Büro im Hotel Meliá Hacienda del Conde (S. 94), Tel. 922127938, https://elcardon.com

In der Umgebung

Punta de Teno
| Landschaft |
Durch wildromantische Umgebung führt die TF 445 zum westlichsten Punkt der Insel mit einem Leuchtturm. Hier reicht der Blick über eine dramatische Klippenlandschaft bis zu den Nachbarinseln. In der Nähe kann man baden. Die Straße war oft wegen ihres schlechten Zustands gesperrt, wurde jedoch ausgebessert und ist jetzt offen – außer an Wochenenden ab 10 Uhr (bis 10 Uhr individuelle Anfahrt möglich).
■ Sa, So von 10–20 Uhr stündlich Busse zwischen Buenavista del Norte und der Punta, www.titsa.com, 2 € hin und zurück

20 Macizo de Teno

Zauberhafte Berglandschaft, einsam und überaus abwechslungsreich

Information

■ Centro de Visitantes, Finca Los Pedregales, Tel. 922447974, tgl. 10–16.30 Uhr

Das ca. 8 ha große Naturschutzgebiet Parque Rural de Teno ist eine Art Insel auf der Insel mit einer dramatischen, vielfältigen Landschaft: Gebirge, bis zu 1300 m hoch (am Gipfel Cruz de Gala), dunkle Vulkanfelsen, grün bewachsene Hänge, tiefe Schluchten, steil abfallende Küsten – und dichter, märchenhafter Lorbeerwald. Nur ungefähr 1300 Menschen leben auf dem Gebiet, die größte Siedlung bildet El Palmar mit ihren 500 Einwohnern.
Mehrere befestigte und beschilderte Wanderwege durchziehen die Landschaft, Infos dazu gibt es im Besucherzentrum sowie in den Touristeninformationen von Buenavista del Norte, Los Silos und Santiago del Teide.
Die Landstraße TF 436, die durch das Gebirge führt, ist zwar sicher, aber teil-

Gefällt Ihnen das?

Dann sollten Sie auch einen Ausflug ins **Macizo de Anaga** (Anaga-Gebirge, S. 47) einplanen. Dort wie hier scheint das Teneriffa der Badeurlaube und Bettenburgen Welten entfernt. Zerklüftete Berge und Steilküsten, Landwirtschaft und kleine Dörfer prägen das UNESCO-Biosphärenreservat, und der Lorbeerwald ist dort noch weitaus größer als im Teno-Gebirge.

weise serpentinenreich, eng und steil. Autotouren sollte man nur mit leistungsstarken PKWs unternehmen und vor Einbruch der Dunkelheit beenden.

Sehenswert

Mirador de la Cruz de Hilda

| Aussichtspunkt |

Terrassenfelder, massive, dunkle Berghänge, eine dichte Vegetation und kleine Höfe: Viele Facetten des Teno-Massivs erschließen sich auf einen Blick – besonders eindrucksvoll im Juni und Juli, wenn die Agaven blühen.

■ TF 436, km 14 (nördl. von Masca)

Masca

| Dorf |

Das winzige Dorf liegt in einer spektakulären Umgebung, zieht sich einen steilen Hang hinab und balanciert auf einem Bergkamm. Rundherum geht es hinab in tiefe Schluchten. Masca wird oft als »schönstes Dorf der Insel« bezeichnet, entsprechend groß ist der Andrang. So leben die meisten der etwa 100 Einwohner heute nicht mehr wie traditionell von der Landwirtschaft, sondern sie betreiben Gastronomie oder kleine Geschäfte. Beste Zeit, um den Ort individuell zu besuchen, ist vor 11 Uhr.

Wandern

14 **Barranco de Masca** Eine ungefähr 4,5 km lange Route führt von Masca durch die gleichnamige Schlucht hinunter zum Meer. Mal geht es auf schmalem Pfad zu Füßen steiler Hänge, mal eröffnen sich weite Ausblicke auf die Landschaften des Teno-Gebirges. Die Tour gehört zu den beliebtesten auf Teneriffa, ist relativ anspruchsvoll und gilt nicht als offizieller Wanderweg, die Route ist teilweise unbefestigt. Abstieg: 620 m. Den Bootstransfer vom Endpunkt der Wanderung nach Los Gigantes – entlang bis zu 600 m hoher Klippen – muss man im Voraus reservieren und kurzfristig bestätigen lassen (keine Fahrten bei Sturm). Sehr empfehlenswert ist die

Eine sehr eindrucksvolle Wanderung führt durch den Barranco de Masca ans Meer

Wanderung mit erfahrenen Führern im Rahmen organisierter Touren inkl. Anreise nach Masca, Bootstransfer und Rückfahrt zum Ausgangspunkt. ■ Anfahrt nach Masca per Taxi oder mit Buslinie 355, www.titsa.com; Wassertaxis vom Endpunkt nach Los Gigantes, z. B. von Marítima Acantilados, Tel. 922 86 19 18, www.maritimaacantilados.com, 10 €; organisierter Tagesausflug z. B. mit der Agentur El Cardón Nature Experience, Tel. 922 12 79 38, https://elcardon.com

21 Santiago del Teide

Startpunkt für Wanderungen und Fahrten ins Teno-Gebirge

Information

■ Calle La Iglesia 64, Tel. 922 83 92 20, Mo–Fr 8–14 Uhr

Das Dorf bildet eine Art Eingang zum Teno-Massiv, ist Startpunkt mehrerer Wanderwege, ist aber auch selbst einen Besuch wert – dank der kleinen Kirche San Fernando Rey (17. Jh.) und dem benachbarten schönen Rathaus sowie zweier Ausstellungszentren. Santiago del Teide ist das Verwaltungszentrum des gleichnamigen Municipio, zu dem Los Gigantes, Playa de la Arena und ein großes Gebiet im Inselinneren gehören.

Sehenswert

Centro de Visitantes Chinyero
| Ausstellungszentrum |
Das neue Ausstellungshaus erklärt die Entstehung und Beschaffenheit der Vulkanlandschaften in der Umgebung. Schwerpunktthema ist der Ausbruch des Vulkans Chinyero im Jahr 1909, durch den sich das Landschaftsbild

Santiago del Teide – im Hintergrund ist das 3718 m hohe Bergmassiv zu sehen

komplett veränderte. Mit Filmen, Augenzeugenberichten und Erklärungstafeln auch in deutscher Sprache.
■ Avenida de la Iglesia, Di–Fr 9–14.30, Sa 9–16 Uhr, Eintritt frei

In der Umgebung

Centro Etnográfico Cha Domitila
| Töpfermuseum |
In dem kleinen Haus, erbaut aus Natursteinen im Stil traditioneller Wohnhäuser einfacher Bauern und Handwerker, präsentiert das Museum die althergebrachte tinerfenische Art des Töpferhandwerks. Mit schlichten Mitteln entstehen Behältnisse, kaum anders als zur vorspanischen Zeit. Der entlegene Weiler Arguayo (5 km südöstl. von San-

ADAC Wussten Sie schon?

Teneriffa ist ein Teil von **Makaronesien**. Dies ist die offizielle biogeografische Bezeichnung für die ostatlantische Inselregion mit allen Kanarischen Inseln, den Azoren, Madeira (sowie, je nach Definition, wahlweise auch den Kapverden). Die ursprünglichen Tier- und Pflanzenwelten sind ähnlich, v. a. der Laurisilva, der Lorbeerwald, ist ein Merkmal für die Verwandtschaft der Inseln (mit Ausnahme der Kapverden).

tiago del Teide) war früher ein Zentrum des Töpferhandwerks.

■ Carretera General de Arguayo 35, Arguayo, derzeit wegen Umbauarbeiten geschl.

22 Los Gigantes

Quirlige Feriensiedlung, umrahmt von einer gigantischen Steilküste

Information

■ Avenida José González Forte 10, Tel. 922 86 81 86, Mo–Fr 8–15 Uhr

Der Ort ist benannt nach den Acantilados de los Gigantes (Steilküste der Giganten): Bis zu 600 m tief stürzen die Felsen des Teno-Gebirges hier ins Meer hinab – ein zerklüftetes, dunkles Massiv, das v. a. im Licht des Sonnenuntergangs magisch leuchtet. Besonders schön anzusehen ist die Küste von der im Süden des Ortes verlaufenden Uferpromenade – oder von einem Boot aus. Verschiedene Bootstouren starten am Jachthafen von Los Gigantes, auch Delfin-/Walbeobachtung, Angeltouren und Segeltörns sind hier im Programm, ebenso wie Wassersport von Tauchen bis Jetski. Der Ort Los Gigantes selbst, entstanden aus einem Fischerdorf, ist ziemlich verbaut, viele Apartmentanlagen gibt es hier, in denen überwiegend britische Touristen urlauben.

Hinter Los Gigantes erhebt sich eine bis zu 600 m hohe, fast senkrechte Felswand

Restaurants

15 **€€€ | El Rincón de Juan Carlos** Für einen längeren Abend voller Geschmackserlebnisse: Es gibt fantasievolle kleine Speisen, gekürt mit einem Michelin-Stern. Degustationsmenü (ca. 12 Gänge, 90 €). ■ Pasaje Jacaranda 2, Tel. 922 868040, www.elrincondejuancarlos.com, Di–Sa abends

23 Puerto de Santiago und Playa de la Arena

Ein Mix aus Ferien- und Wohnort mit schwarzem Strand und dunklen Felsen

Information

■ Avenida Marítima, Centro Comercial Seguro el Sol, Tel. 922860348, Mo–Sa 8–16 Uhr

Am sogenannten Hafen von Santiago (Puerto de Santiago) liegen nur noch vereinzelt kleine Boote, schon lange hat sich der Fischerort zum Urlaubszentrum gemausert, das nahtlos in die Nachbarorte Playa de la Arena und Los Gigantes übergeht. Obwohl ein Hotel offensichtlich planlos an das andere gebaut wurde, hat der Ort einen gewissen Charme. Was wohl v.a. daran liegt, dass hier auch viele Einheimische wohnen und es Schulen, Sport- und Spielplätze gibt. Der Strand, nach dem die Siedlung Playa de la Arena (d.h. Sandstrand) benannt wurde, ist 140 m lang, hat feinen dunklen Sand und eine Badeaufsicht, er ist mit Duschen, WCs, Liegen und Sonnenschirmen ausgestattet. Weiter nördlich befinden sich idyllische Badeplätze an dunklen Felsformationen.

Im Blickpunkt

Kaffee für Kenner

Die Vielzahl der in Cafés erhältlichen Kaffeespezialitäten ist enorm. Hier die wichtigsten: »café solo« (starker kleiner Kaffee, Espresso), »cortado« (Espresso mit einem Schuss Milch), »café americano« (verlängerter Espresso), »café con leche« (Milchkaffee), »café bombón« (Espresso mit sehr süßer, dickflüssiger Kondensmilch), »capuccino« (Espresso mit aufgeschäumter Milch), »barraquito« (Espresso mit Milch, gesüßter Kondensmilch, Zitronenschale, Likör und Zimt – gern auch zum Dessert). Sehr erfrischend ist der »café con hielo«: ein »café solo« oder »americano«, den man zunächst süßt, in der Tasse umrührt und dann in ein Glas mit Eiswürfeln schüttet.

24 Guía de Isora

Wohlstand und Gemütlichkeit, historische und zeitgenössische Architektur

Information

■ Avenida Isora, beim Centro Cultural, Tel. 922851222, www.guiadeisora.org, Mo–Fr 10–14 Uhr (Juli, Aug. geschl.)

Das Städtchen, Verwaltungszentrum des gleichnamigen Municipo, gelangte durch die Landwirtschaft im 19. und frühen 20. Jh. zu Wohlstand. Besonderen Erfolg hatten die Bauern bei der Zucht der Cochenilleschildlaus auf Opuntien (einer Kaktusart). Aus den Insekten wurde der rote Farbstoff Karmin gewonnen (und wird es teilweise noch

Im Blickpunkt

Teneriffa als Filmschauplatz

Mondlandschaften und ferne Planeten, dichter Dschungel, einsame Buchten, spektakuläre Bergpanoramen, schwindelerregende Steilküsten: Viele Landschaften auf Teneriffa scheinen wie geschaffen als Kulissen für Filmproduktionen. Seit Jahren kommen internationale Filmteams auf die Insel, angelockt nicht nur von den natürlichen Gegebenheiten, sondern auch von günstigen Steuern und einer guten Infrastruktur mit hoch professionellen Dienstleistern. Die Insel war Schauplatz u. a. für »Kampf der Titanen« und »Zorn der Titanen«, »Jason Bourne«, »Fast and Furious 6« oder auch – schon in den 1960er-Jahren - »Eine Million Jahre vor unserer Zeit« mit Raquel Welch. Auch für Serien wie die BBC-Produktion »Silent Witness« kommen Filmteams teilweise wochen- und monatelang nach Teneriffa. Als Schauplatz am beliebtesten ist der Teide-Nationalpark. 2019 drehte der Disney-Konzern mehrere Monate lang einen Marvel-Film auf Teneriffa, Lanzarote und Fuerteventura. Laut der kanarischen Regierung handelte es sich dabei um die größte Filmproduktion des Jahres in ganz Europa.

heute). Weitere wichtige Erzeugnisse sind und waren Bananen und Tomaten. Eine große Anzahl nobler Wohnhäuser aus dem 19. und 20. Jh. bezeugt die Geschichte des Wohlstands und bereichert das angenehme Stadtbild. Heute bringt der Tourismus an der Küste das Geld, darauf weisen neue Gebäude wie das Centro Cultural und das Auditorio hin. Bei einem Spaziergang über den Platz mit der Kirche Nuestra Señora de la Luz und durch die Gassen rundherum erspürt man die ruhige, gelassene Atmosphäre des Ortes.

25 Playa de San Juan

Entspannende Urlaubs- und Fischersiedlung mit Strand und Hafen

i Information

■ Avenida Juan Carlos I (am Südende beim Hafen), Tel. 922 13 89 87, Mo–Sa 9–15, im Sommer bis 14 Uhr

Vom schönen, langen Strand am Ortsrand blickt man hinüber zum recht großen Fischereihafen. Tourismus und das Alltagsleben existieren harmonisch miteinander. Es gibt keine Hotels, sondern nur Ferienwohnungen, und zwar in denselben Straßen, in denen Einheimische leben. Hier fühlt man sich tatsächlich wie in einer kleinen spanischen Stadt. Ein großer neuer Hauptplatz im Ortsinneren befand sich zur Zeit der Recherchen im Bau und soll viele Sitzgelegenheiten und viel Grün bieten. Auch ein neues Parkhaus ist in Arbeit.

P Parken

Viele kostenfreie Parkplätze befinden sich entlang der Uferstraße.

Restaurants

€ | Bluebloos Beach Bar Café-Bar-Restaurant am Strand, große Terrasse, internationale Speisen (Pasta, Burger,

Omeletts, Fisch, Meeresfrüchte), netter Service, schöne Location. ■ Tel. 922 13 84 45, Mo–Fr 11–19, Sa, So 11–21 Uhr

Sport

Pama Diving Kleine Tauchbasis unter deutscher Leitung, freundlich-familiäre Atmosphäre, gutes Leih-Equipment. Das vierköpfige Team besteht aus recht gewissenhaften Tauchlehrern und -guides. Anders als bei den meisten anderen Tauchzentren auf Teneriffa muss man weder seine Flasche weit schleppen noch viel schwimmen, sondern fährt mit einem Boot hinaus zu den schönen Tauchplätzen. ■ Calle La Marina 8, Tel. 671 30 45 58, www.pamadiving-teneriffa.com

In der Umgebung

Playa de Abama

| Strand |

16 *Fünf-Sterne-Strand zum Nulltarif, umgeben von Bananenplantagen*

Unterhalb des Luxushotels Abama befindet sich die von Natur aus schon sehr schöne Strandbucht, umgeben von Steilküste und Plantagen. Dank des Hotels gibt es zudem immer einen sauberen hellen Sand, komfortable Duschen/WCs und eine schöne Bar – all das können auch Besucher nutzen, die nicht selbst im Hotel wohnen.

Vom öffentlichen Parkplatz am Hotel geht es zu Fuß etwa 10 Min. ziemlich steil bergab zum Strand. Man kann auch mit dem Auto nach unten fahren, dort aber nur kurz halten, um Mitfahrer abzusetzen.

Alcalá

| Naturschwimmbad |

Sehr schöne öffentliche Badelandschaft in den natürlichen Felsen. Mit großen und kleinen Schwimmbecken, Plattformen zum Sonnetanken, Duschen, WCs, Badeaufsicht. Umgeben von einer grünen Parkanlage.

■ Nördl. des Dorfes Alcalá, unterhalb des Hotels Gran Meliá, Eintritt frei

Durch die umliegenden Klippen ist die Bucht der Playa de Abama sehr windgeschützt

Übernachten

Ein gutes Mittelklassehotel, nicht zu groß, in ruhiger Umgebung, aber auch nicht zu entlegen. Mit gutem Komfort und persönlichem Service – das wäre schön? Im Westen Teneriffas ist so etwas jedoch kaum zu finden. Die Hotellerie spiegelt Landschaften und Urlaubskulturen wider – Gäste haben die Wahl zwischen drei Arten von Häusern: einfache Hotels und Gästehäuser auf dem Lande (die charmant sein können, aber nicht immer alle Ansprüche erfüllen), große Familienhotels in den Urlaubsorten (oft Aparthotels oder mit All-inclusive-Verpflegung) oder Luxushotellerie auf höchstem Niveau.

Los Silos 86

€ | Casa la Ranita – Eco-Hostal Gästehaus für Familien und Gruppen (bis zu 13 Personen). Fünf Schlafzimmer, Wohnzimmer, zwei Badezimmer, Bio-Frühstück. Direkt am Hauptplatz von Los Silos. ■ Plaza de la Luz 4, Tel. 674 47 12 49, www.casalaranita.org, detaillierte Beschreibung und Preisabfrage unter www.booking.com

€€ | Hotel Luz del Mar Das Vier-Sterne-Hotel, erbaut im Stil eines kanarischen Dorfes, kommt insbesondere für Wanderer und Golfspieler in Frage. In sehr ruhiger Umgebung außerhalb von Los Silos gelegen. Geräumige Zimmer mit Fußbodenheizung, Klimaanlage, Kitchenette. ■ Avenida Sibora 10, Tel. 922 84 16 23, www.luzdemar.de

Buenavista del Norte 86

€€€ | Meliá Hacienda del Conde Fünf-Sterne-Anlage am Golfplatz. Architektur im Stil eines traditionellen Herrenhauses. Die Ausstattung der geräumigen Zimmer ist so edel wie typisch kanarisch, viele haben Meerblick, alle Balkon oder Terrasse. Nur für Erwachsene. ■ Paseo Severiano Ballesteros, Tel. 922 06 17 00, www.melia.com

Santiago del Teide 89

€ | La Casona del Patio Landhotel auf einem großen, historischen Gut. Vier Sterne, schöner Patio und Terrasse mit weiter Sicht auf das Gebirge. Auch die Superior-Zimmer verfügen über Terrassen mit herrlichen Ausblicken.Restaurant, Lesezimmer, Reitstall, geführte Ausritte. ■ Avenida de la Iglesia 68, Tel. 922 83 92 93, www.ginestarhotels.com

Puerto de Santiago 91

€ | Blue Sea Lagos de César Modernes Vier-Sterne-Hotel mit Swimmingpools, Dachterrasse. 116 geräumige Zimmer und Suiten, alle mit Balkon. Nicht direkt am Meer gelegen. ■ Calle José González, Tel. 922 86 86 40, www.blueseahotels.com

€ | Casa El Atajo Uriges Landhotel in Chío, im Inselinneren östlich von Puerto de Santiago in einem einstigen Schulgebäude aus dem 18. Jh. Einfache, aber saubere und ordentliche Zimmer, z. T. mit eigenem Bad,

z. T. mit Gemeinschaftsbad. Gemeinschaftsküche für Selbstversorger. Hier wohnen v. a. Wanderurlauber. ■ Calle El Atajo 9, Chío, Tel. 922 85 20 38, http://casaruralelatajo.com

€ | **Dragos del Sur** Einfaches Aparthotel auf halber Strecke zwischen Playa de la Arena und Jachthafen von Los Gigantes. Apartments für zwei bis sechs Personen, alle mit Balkon und Kitchenette. ■ Avenida Marítima, Tel. 922 86 25 50, www.hoteles-losdragos.com

€€ | **Globales Tamaimo Tropical** Aparthotel: 370 Apartments für zwei bis vier Personen. Pools, Sonnenterrasse, Animation/Unterhaltung. Drei Sterne. Selbstversorgung oder All inclusive möglich. ■ Calle La Hondura, Tel. 922 86 06 38, www.globales-hoteles.com

€€–€€€ | **Barceló Santiago** Vier-Sterne-Hotel mit tollem Ausblick auf die Klippen von Los Gigantes. Große Poollandschaft mit schönen Terrassen, Spa, modern gestaltete Zimmer. ■ Calle La Hondura 8, Tel. 922 86 09 12, www.barcelo.com

Playa de San Juan 92

€–€€ | **Hotel Rural El Navío** Landhotel auf einer Bananenplantage zwischen Playa de San Juan und Puerto de Santiago. Zimmer und Gemeinschaftsräume liebevoll im kanarischen Stil gestaltet. Komfortable Ausstattung, alle 14 Zimmer mit Terrasse. Pool und Restaurant. Nur Erwachsene. ■ Prologación Avenida Los Pescadores, Alcalá, Tel. 922 86 56 80, www.elnavio.es

€€€ | **Gran Meliá Palacio de Isora** Großes Luxushotel am Rand von Alcalá, wirkt in der ländlichen Umgebung ziemlich deplatziert, aber das stört weniger diejenigen, die drinnen sind, als die, die von draußen schauen. Große Poollandschaft, nahe an schönen Naturschwimmbädern gelegen. Spa/Wellness, edle Restaurants und Bars. Unterschiedliche Bereiche für Familien mit Kindern und nur für Erwachsene. Die Zimmer sind mind. 48 m² groß. ■ Avenida Los Océanos, Alcalá, Tel. 922 86 90 00, www.melia.com

ADAC Das besondere Hotel

Das Fünf-Sterne-Hotel **Abama** bietet an Luxus so ziemlich alles Vorstellbare – und mehr. Hier nur ein paar Eckdaten: Zimmer mit Meer- und Gomera-Blick, zehn Restaurants, davon eines mit einem Michelin-Stern, eines mit zwei Michelin-Sternen, sieben Pools, Spa- und Wellness-Bereich, sieben Tennisplätze, 18-Loch-Golfplatz mit 22 Seen/Teichen und 20 000 Palmen. Und eine Seilbahn zum Strand.

€€€ | The Ritz-Carlton, Abama, Carretera General TF 47, km 9, Tel. 922 12 60 00, www.ritzcarlton.com

Adeje und der Süden

Am Meer: eine riesige künstliche Urlaubswelt. In den Bergen: idyllische Dörfer, Plantagen und pure Natur

Bevor sich ab den 1970er-Jahren der Massentourismus entwickelte, gab es an Teneriffas Südküste fast nichts. Nur einige Fischer lebten hier mit ihren Familien, das Land lag brach. Sonnenreichtum und Regenarmut machen Landwirtschaft unmöglich – genau das Wetter, das Urlauber lieben. So kamen schlaue Köpfe auf die Idee, Hotels zu bauen, schnell wurden es mehr – überwiegend preiswerte Familienhotels, oft in unansehnlichen Hochhäusern.

Der Erfolg war und ist enorm, was bis heute erstaunt, denn natürliche Strände sind rar, sie haben grauen Sand und viel Kies. Dafür gibt es künstlich angelegte Badestrände, nicht wenige Familien bleiben zum Baden aber lieber im Hotel. Es sind die von Menschen geschaffenen Urlaubswelten, die den Erfolg der Region ausmachen: Hotelkomplexe, Einkaufszentren, Entertainment, Wasserparks, Wassersport, Golfplätze. Ungefähr 100 000 Gästebetten stehen zur Verfügung, die Auslastung ist hoch. Und es wird weiter und weiter gebaut. In letzter Zeit entstehen fast nur noch Luxushotels, die ebenfalls gut angenommen werden. Nur wenige Kilometer abseits der Touristenstädte blieben schöne Dörfer erhalten, sie sind sehr gepflegt und wohlhabend – dank des Geldes, das an den Küsten fließt.

In diesem Kapitel:

ADAC Top Tipps:

9 Paseo Marítimo, Costa Adeje

| Uferpromenade |

Eine etwa 10 km lange Promenade verbindet die Badeorte im Süden. Autofrei, ruhig, direkt am Meer. Der Abschnitt an der Costa Adeje ist am schönsten. 101

ADAC Empfehlungen:

17 **Hard Rock Hotel, Playa Paraíso**
| Erlebnis für Kinder |
Swimmingpools und Sportplatz, dazu ein großes Spiel- und Spaßprogramm: Ein Tag im Rock 'n' Roll-Hotel ist vor allem für Familien mit Kindern ein Erlebnis. 99

18 **Artenerife, Costa Adeje**
| Einkaufen |
Dieser kleine Shop an der Strandpromenade hat Kunsthandwerk im Angebot, das garantiert auf der Insel produziert wurde. 101

19 **Siam Park, Costa Adeje**
| Wasserpark |
Badespaß im Superlativ: gigantisch großer Vergnügungspark mit gigantisch hohen Rutschen. 103

20 **Atlantic Eco Experience, Costa Adeje**
| Walbeobachtungstour |
Naturerlebnisse, bei denen die Natur nicht leidet: in Kleingruppen zu Besuch bei Delfinen und Walen. 103

21 **Jardín Tropical, Costa Adeje**
| Hotel |
Stilvolle Anlage direkt am Meer. Schöne Architektur, viel Grün. 110

26 Adeje

Charmante Altstadt und Startpunkt einer spektakulären Wanderung

i Information

■ Calle Grande 1, Tel. 922756200, Mo–Fr 8–15 Uhr, www.costa-adeje.es

Der kleine Ort ist das Zentrum der gleichnamigen Gemeinde, zu der auch Teile von Playa de las Américas, Costa Adeje und weitere Badeorte gehören. Obwohl das Städtchen keine Sehenswürdigkeiten im engeren Sinne hat, lohnt sich ein Spaziergang durch den gepflegten historischen Stadtkern. Vor allem zum Mittag- oder Abendessen: An der Calle Grande liegt ein nettes, preiswertes Restaurant neben dem anderen. Am oberen Ende der Straße befindet sich die kleine Hauptkirche Santa Úrsula (16.–18. Jh.). Zusammen mit dem modernen Kirchturm und der neuen Plaza de España bildet sie ein eindrucksvolles Ensemble, das mit dem World Architecture Award (Singapur 2012) ausgezeichnet wurde.

P Parken

Kostenlos möglich am südlichen Ortseingang bei der Post (»correos«) zwischen Calle Tinerfe El Grande und Calle Derechos Humanos.

Wandern

Barranco del Infierno Diese Route führt durch die spektakuläre »Höllenschlucht« (»Barranco del Infierno«), eines der letzten Flussbetten auf Teneriffa, in denen noch Wasser fließt. Es geht entlang steiler, hoher Felswände und üppiger Vegetation. Ziel der Streckenwanderung ist ein Wasserfall. Länge: 6,5 km (hin und zurück); Dauer: ca. 3,5 Std.; leichte Steigungen; Schwierigkeitsgrad: leicht bis mittel. Erlaubt sind nur 300 Wanderer pro Tag – eine vorherige Anmeldung ist erforderlich! Seitdem im Jahr 2015 eine Wanderin durch Steinschlag ums Leben kam, ist das Tragen von Helmen Pflicht (Verleih am Eingang, im Eintrittspreis enthalten); auch feste, geschlossene Schuhe sind obligatorisch. Bei starkem Wind oder Regen wird der Weg gesperrt. ■ Startpunkt am Rande von Adeje, am Ende der Calle de los Molinos, tgl. 8.30–17, im Sommer bis 16 Uhr, 8,50 €, Kinder 4,25 € (Einlass für Kinder ab 5 Jahren), Infos/Reservierung: Tel. 922780078, http://barrancodelinfierno.es/de

27 Playa Paraíso

Badeort im Aufwind mit guten Hotels und unkomplizierter Gastronomie

i Information

■ Zuständig sind die Büros in Adeje und Costa Adeje

Nein, paradiesisch ist es hier nicht, aber seit der Eröffnung des Hard Rock Hotels im Jahr 2016 erfährt der kleine Badeort eine Aufwertung. Nach und nach kommen nette Bars und kleine Geschäfte hinzu. Zudem eröffnete kürzlich ein neues Fünf-Sterne-Hotel. Ansonsten besteht Playa Paraíso überwiegend aus großen Gebäudekomplexen aus den 1970er-Jahren mit privaten Ferienwohnungen. Die schöne kleine Strandbucht Playa Las Galgas wird erstaunlich wenig genutzt, hier kann man recht ungestört baden und Sonne tanken.

Restaurants

€ | **Bistro del Mar** Eine Kombination aus Café, Bar und Bistro – die Drinks und kleinen Speisen schmecken auf der Terrasse mit dem schönen Meerblick besonders gut. ■ Centro Comercial El Marqués, Avenida Adeje 300 (direkt am Meer beim Hotel H10 Atlantic Sunset), Tel. 922 07 70 39, Mi–Mo von mittags bis zum frühen Abend

€ | **Pizzeria Titanic** Preiswertes Lokal mit großer Terrasse, sehr netter Service, gutes Preis-Leistungs-Verhältnis. Pizza, Pasta, Cocktails. ■ Calle El Aljibe 16, Tel. 922 74 07 07, tgl. außer Di von morgens bis 2 Uhr

Kneipen, Bars und Clubs

Upper Bar Im Fünf-Sterne-Hotel Atlantic Sunset auf dem Dach des Hauptgebäudes. Toller Panoramablick – vor allem bei Sonnenuntergang! ■ Hotel H10 Atlantic Sunset, Avenida Adeje 300, Tel. 922 75 74 35, www.h10hotels.com

Kinder

17 **Hard Rock Hotel** Die Einrichtungen des Hotels (S. 111) können auch externe Gäste nutzen, das ist v. a. für Kinder (und ihre Eltern) toll: Der »Hard Rock Roxity Kids Club« bietet Swimmingpools, Spiel- und Sportplatz, Gaming Area, betreutes Spiel- und Spaßprogramm, unterteilt in drei Altersgruppen (ab sechs Monate bis 16 Jahre). ■ Avenida de Adeje 300, Tel. 922 74 17 00, www.hardrockhotels.com, freie Nutzung der Einrichtungen bei Kauf eines Verzehr-Coupons für 40 €, Kinder 20 € (gültig für einen Tag)

28 La Caleta

Das Fünf-Sterne-Ende der Badeküste mit zahlreichen Luxushotels

Information

■ Zuständig sind die Büros in Adeje und Costa Adeje

Der eindrucksvolle Barranco del Infierno ist auch für wenig geübte Wanderer begehbar

Die Playa del Duque mit hellem Sand erstreckt sich an der nördlichen Costa Adeje

Eine etwa 10 km lange Strandpromenade verbindet alle Badeorte der Südwestküste von Los Cristianos bis La Caleta miteinander. Am nördlichen Ende der Promenade sowie an der benachbarten Playa del Duque herrscht die dichteste Ansammlung von Luxushotels (und es entstehen immer noch neue), entsprechend hochklassig (und -preisig) ist die Gastronomie. Zudem gibt es einen sehr schön angelegten 27-Loch-Golfplatz. Der kleine Ortskern des einstigen Fischerdorfs liegt direkt an der Steilküste mit Felsplateaus und Naturbadeplätzen, auch ein paar ältere, einfache Häuser sind erhalten geblieben. Der Hausstrand der Touristen ist die 325 m lange Playa de la Enramada mit grauem Sand und Kies.

Restaurants

€€ | La Masía del Mar Hier kommen frischer Fisch und Meeresfrüchte in allen Variationen auf den Tisch: Fischgrillplatte, Paella, Fisch- und Meeresfrüchte-Eintopf ... Oberhalb der Steilküste, toller Ausblick. ■ Calle El Muelle 3, Tel. 922710895, http://masiadelmar.com, tgl. mittags und abends

€€–€€€ | La Vieja Edle Fischküche in stilvoller Umgebung, große Weinkarte (kanarische und iberische Weine), schöner Meerblick. ■ Edificio Terrazas de la Caleta I, Tel. 922711548, www.restaurantelavieja.com, tgl. mittags und abends

29 Costa Adeje

Kunterbuntes Urlaubsleben, sehr international und von Jung bis Alt

Information

■ Avenida Litoral (Strandpromenade), Playa Fañabé, Tel. 922716539, Mo–Fr 10–17 Uhr (im Sommer bis 16 Uhr)

■ Calle Rafael Puig de Lluvina 1 (an der Promenade), Playa de Troya, Tel. 922750633, www.costa-adeje.es, tgl. 10–17, im Sommer bis 16 Uhr

■ Parken siehe S. 101

Das jüngste und größte der drei Urlaubsgebiete im Süden – Los Cristianos, Playa de las Américas, Costa Adeje – beginnt offiziell am Barranco de Troya (Troya-Schlucht), in Wirklichkeit gehen alle drei nahtlos ineinander über. Künstlich angelegte helle oder graue Sandstrände wie die Playa de Troya und Playa de Fañabé wechseln sich ab mit steinigen Abschnitten und Felsküste. Fast überall kann man Liegen und Sonnenschirme mieten, es gibt Duschen, Toiletten und Rampen für Rollstühle. Das Urlaubsgebiet ist von Playa de las Américas aus in nordwestliche Richtung gewachsen. Während am ältesten Ende die Drei-Sterne-Hotellerie vorherrscht, werden in Richtung La Caleta die Hotels und die Gastronomie immer exklusiver.

Sehenswert

Paseo Marítimo
| Uferpromenade |

9 *Spazieren, schauen, baden, shoppen, schlemmen und Spaß haben*

Von Los Cristianos bis nach La Caleta verläuft eine durchgehende, autofreie Uferpromenade, etwa 10 km lang. An der Costa Adeje ist sie am schönsten, die Landschaft mit verschiedenen Stränden ist abwechslungsreich, die Auswahl an Geschäften und Lokalen groß, aber dennoch übersichtlich und nicht zu ramschig. Mit zunehmender Exklusivität der Hotels Richtung Norden wird auch die Gastronomie edler, immer größer werden die ruhigen Abschnitte ganz ohne Läden und Lokale.

Parken

The Corner Shopping Center, Calle Unterhaching, Tiefgarage, 1,80 €/Std.; Centro Comercial Plaza del Duque, Calle Londres, Tiefgarage, 1,80 €/Std.; Puerto Colón, Parkflächen am Sporthafen, 1,20 €/Std., 14,40 €/Tag.

Restaurants

€ | **Las Rocas** Leichte, edle, kreative Speisen, hauptsächlich Fisch. Es gibt wunderschöne Terrassen und Innenräume direkt am Meer. ■ Hotel Jardín Tropical, Calle Gran Bretaña, Tel. 922746000, www.jardin-tropical.com, tgl. mittags und abends

Kneipen, Bars und Clubs

Papagayo Beach Club Weiße Sofas, Tische, Liegen, leichte Speisen, coole Drinks. Ziemlich stylish, direkt an der Promenade. Nachts ab 23 Uhr häufig Partys, dann kostet der Club Eintritt. ■ Playa de Troya, Avenida Rafael Puig Lluvina, Tel. 922788916, www.papagayobeachclub.com, tgl. von morgens bis nachts

Einkaufen

18 **Artenerife** In dem Pavillon an der Strandpromenade gibt es ausschließlich Produkte, die auf Teneriffa hergestellt wurden, z. B. Tischdecken mit feinen Stickereien, bedruckte T-Shirts, Schmuck, Seifen, Töpferwa-

ADAC Wussten Sie schon?

Nicht wenige »**Zimmer mit Meerblick**« im Bereich Costa Adeje haben zugleich direkten Ausblick auf die Autobahn. Die verläuft nämlich zwischen der Küste und den vielen Hotel- und Apartmentanlagen weiter oben am Hang.

ren. ■ Calle Rafael Puig Lluvina (an der Strandpromenade), http://artenerife.com, Mo–Fr 10–17, Sa 10–13 Uhr

Plaza del Duque Edles Einkaufszentrum mit teuren Designershops, aber auch mittelpreisigen Modegeschäften, Sonnenbrillenläden, Parfümerien usw. Auch architektonisch ein Hingucker. Kostenloser Shuttlebus zu vielen Hotels. ■ Calle Londres, http://plazadelduque.com, tgl. 10–22 Uhr

Siam Mall Großes, luftig gestaltetes Einkaufszentrum mit Filialen bekannter Textilketten wie Mango, H&M, Timberland usw. Vertreten sind aber auch einige spanische Labels, die es in Deutschland nicht gibt. Kostenlose Busse verkehren zwischen den Hotels an der Südwestküste und der Mall. ■ Avenida Siam, Tel. 922750252, www.ccsiammall.com, tgl. 10–22 Uhr

Kinder

Aqualand Der Wasserpark ist besonders für Familien mit kleinen Kindern geeignet, denn viele der Schwimmbecken, Rutschen und anderen Attraktionen sind nicht zu abenteuerlich, sondern auch für den Nachwuchs okay. Für die Eltern wurde ein Entspannungsbereich mit großem Warmwasserwhirlpool eingerichtet. Kostenloser Bustransfer ab Los Cristianos, Playa de las Américas, Costa Adeje. ■ Avenida de Austria 15, Tel. 922715266, www.aqualand.es, Juli, Aug. tgl. 10–18, Sept.–Juni 10–17 Uhr, ab 27 €, Kinder ab 12 €

Jungle Park In dem schön angelegten zoologischen Garten leben Löwen, Leo-

ADAC Spartipp

Beim Kauf eines **Kombitickets** für Aqualand und Jungle Park kann man eine Menge Geld sparen: Je ein Tag im Wasser- und im Tierpark kosten zusammen nur 13–29,50 € für Kinder (je nach Alter) und 39,50 € für Erwachsene. Für den Jungle Park gibt es auch Familienkarten: 84 € für zwei Erwachsene und zwei Kinder (nur online).

Im Blickpunkt

Walbeobachtung

Vor Teneriffas Westküste leben ganzjährig Grind- und Pilotwale, Große Tümmler und Gemeine Delfine, insgesamt lassen sich dort mehr als 20 Meeressäugerarten erspähen. Walbeobachtungstouren sind ein tolles Erlebnis für die Gäste – und für die Anbieter ein einträgliches Geschäft. Tierschutzgesetze und -normen regeln den Beobachtungstourismus. An den Booten autorisierter Veranstalter flattert eine gelbe Flagge, auf der ein Rettungsring, zwei Wale und die Aufschrift »Barco Azul« zu sehen sind. Eine Prüfung im Jahr 2016 ergab jedoch, dass 60 % der Veranstalter gegen Tierschutzgesetze verstoßen. Manche Firmen nehmen aber auch noch mehr Rücksicht auf das Wohl der Tiere, als vorgeschrieben ist. Dazu gehört etwa Atlantic Eco Experience (S. 103). Grundsätzlich empfehlenswert sind kleine Boote, die reichlich Abstand zu den Walen halten, sie nicht verfolgen und in ihrer Nähe den Motor ausschalten.

parden, Lemuren, Seelöwen und viele Vögel. Das Highlight sind Flugshows mit Adlern und exotischen Vögeln wie Papageien und Aras. Spaß macht auch die Tropfsteinhöhle, und Kinder lieben die 800 m lange Rodelbahn. ■ Urbanización Las Águilas del Teide, Arona, Tel. 92272 9010, www.junglepark.es, tgl. 10–17.30 Uhr, ab 26 €, Kinder ab 11 €

19 **Siam Park** Der gigantisch große Bade- und Vergnügungspark bietet Entspannung, Unterhaltung und Adrenalinkicks für alle Altersgruppen, v.a. für Familien mit Kindern ab acht bis zehn Jahren. Auf einer 28 m hohen Rutsche erreicht man Geschwindigkeiten bis zu 80 km/h, am Ende gleitet man durch ein Aquarium. Die sehr grüne, parkähnliche Anlage ist im Thai-Stil gestaltet, mit schwimmendem Markt, Drachen und Gebäuden, die an Tempel erinnern. ■ Avenida Siam Park, kostenlose Shuttlebusse von/nach Los Cristianos, Playa de Las Américas und Costa Adeje, Tel. 822070000, www.siampark.net, Mai–Okt. 10–18, Nov.–April 10–17 Uhr, ab 38 €, Kinder ab 26 €

Erlebnisse

20 **Atlantic Eco Experience** Vor Teneriffas Westküste liegt eines der weltweit besten Gebiete zur Beobachtung von Walen und Delfinen. Besonders spannend sind Ausflüge in kleinen Gruppen wie bei diesem Anbieter. Vorsichtig nähert sich das Boot den Tieren, hält immer den nötigen Abstand, um sie nicht zu stören. Ein Biologe ist als Guide an Bord, erklärt die Welt der Meeressäugetiere und beantwortet Fragen. ■ Ab Puerto Colón, Tel. 638770306, www.atlanticecoexperience.com, dreistündige Tour inkl. Imbiss/Getränke 69 €, Kinder 34 €, online 10 % Ermäßigung

Ein Paradies für Wasserratten und Sonnenanbeter: die Playa de las Américas

Puerto Colón Der Jachthafen ist Ausgangspunkt für jede Art von Ausflügen und Vergnügungen auf und mit Booten: Segeltörns und Walbeobachtung, Hochseefischerei und Tauchen, Jet-Ski, Paragliding usw.

30 Playa de las Américas

Sonne, Strand, Surfen, Shopping: der Urlaubstraum vieler Gäste

Information

■ Avenida Rafael Puig Llivina 19, Tel. 922797668, Mo–Fr 9–16.30 Uhr

Hotels und Einkaufszentren stehen hier dicht an dicht, lange hatte die Feriensiedlung einen schlechten Ruf als

Ansammlung billiger Bettenburgen. In den letzten Jahren wurde Playa de las Américas allerdings durch neue Grünanlagen, Shopping- und Gastrozonen aufgewertet. Außer einem grauen Sandstrand gibt es überwiegend eine natürliche Fels- und Kiesküste. Wer hier urlaubt, badet in der Hotelanlage oder spaziert zu einem Strand weiter nördlich an der Promenade.

Restaurants

€–€€ | Ardi Feine italienische Küche, exzellentes Preis-Leistungs-Verhältnis. Gemütliche Räume, Terrasse. Der Service ist außerordentlich freundlich. ■ Avenida Antonio Domínguez 6, Centro Comercial El Camisón, Local 34, Tel. 628 13 87 31, Do–Di nur abends

€€ | Mesón Castellano Traditionelle kanarische und iberische Küche (Lamm, Steaks, Kaninchen, Schinken, Fisch, Muscheln usw.), gute Qualität, meist ist es voll und recht laut. ■ Avenida Antonio Domínguez, Centro Comercial El Camisón, Local 38–40, Tel. 922 79 63 05, www.mesoncastellano.com, tgl. mittags und abends

Einkaufen

Milla de Oro Offiziell heißt sie Avenida de las Américas, aber jeder sagt nur Milla de Oro (Goldene Meile), wenn er diese Einkaufsstraße meint. Mehrere Shoppingzentren nebeneinander bieten Kleidung und Schmuck teurer Labels, die Architektur ist ansehnlich, es gibt Wasserspiele und in den Abendstunden eine schöne Beleuchtung. In der oberen Etage finden sich Restaurants (Filialen von Ketten: Burger, Pizza, Steaks usw.). ■ Shops tgl. 10–22 Uhr

Bühne

Pirámide de Arona Revuetheater mit unterhaltsamen und teils sehr anspruchsvollen Tanzshows. ■ Avenida de

Los Cristianos ist neben Playa de las Américas das Touristenzentrum der Südküste

las Américas, www.piramidearona.com, Di, Do, Fr, Sa 21.30, Mi 20.30 Uhr, 49–53 €, Kinder Eintritt frei

Sport

Arona Tenerife Surf Academy In einem der besten Surfgebiete der Insel: Trainings- und Verleihzentrum für Wellenreiten und Stand Up Paddling. ■ Direkt am Strand, Tel. 675449689, http://aronasurfschool.com

31 Los Cristianos

Der Ort, an dem der Massentourismus auf Teneriffa seinen Anfang nahm

Information

■ Plaza del Pescador (Centro Cultural), Tel. 922757130, Mo–Fr 9–16.30 Uhr

■ Playa de las Vistas, Tel. 922787011, tgl. 9–16.30 Uhr

Im heißen, trockenen Süden der Insel lebten einst nur wenige Fischerfamilien. Da Landwirtschaft unmöglich war, blieb die Region weitgehend unbesiedelt. Das änderte sich in den 1970er-Jahren, als man begann, in Los Cristianos Hotels zu bauen – und damit die Grundsteine für den Massentourismus legte. Heute gibt es außer vielen Hotels auch noch einige Häuser, in denen einheimische Familien wohnen. Eine kleine Kirche und enge Einkaufsgassen geben dem Ort einen Hauch von spanischem Alltagsflair.

Die Playa de Los Cristianos grenzt direkt an den Hafen, von dem Fähren auf die Nachbarinseln starten sowie Ausflugs-, Walbeobachtungs-, Sport- und Vergnügungsboote. Westlich schließt sich die größere Playa de las Vistas an, meist geht es hier sehr lebhaft zu. In Los Cristianos beginnt eine schöne, etwa 10 km lange Uferpromenade, gesäumt von Geschäften, Gastronomie und Hotels.

Parken

Aparcamiento Valle Menéndez Parkhaus ■ Calle del Valle Menéndez, 2,10 €/Std., 17,85 €/Tag.

32 Arona

Das kleine Bergdorf verfügt über erstaunlich viel Macht und Geld

Information

■ Calle Calvario 5, Tel. 922725180, Mo–Fr 8–15 Uhr

Sieht man das kleine Dorf, mag man gar nicht glauben, dass es das offizielle Zentrum der gleichnamigen Gemeinde ist, zu der auch Los Cristianos und Umgebung gehören – gewaltige Touristenhochburgen. Ein etwa 20-minütiger Rundgang reicht aus, um einen Eindruck von dem Dorf zu erhalten. Zunächst geht es die Calle Duque de la Torre hinauf, an der sich historische und neue Wohnhäuser abwechseln. Am Ende der Straße erreicht man den Hauptplatz mit der Kirche San Antonio Abad (17.–18. Jh.), deren Inneres eine wertvolle Holzdecke ziert, geschnitzt im Mudéjar-Stil. Am Platz steht auch das Rathaus, das Gebäude wurde erst 1979 eröffnet, die Architektur ist jedoch traditionell kanarisch mit großem Holzbalkon. Richtung Osten geht die Calle El Calvario ab, dort befindet sich das Tourismusamt mit der Touristeninfo, bei der es viele Broschüren über die ganze

Abseits des Massentourismus liegt Granadilla de Abona gut 650 m über dem Meer

Gemeinde gibt. Zurück zum Auto führt die Calle Domínguez Alfonso.

P Parken

Möglichst an der Straße, am Eingang zum historischen Zentrum, nahe der Landstraße TF 51, unterhalb der Calle Duque de la Torre.

33 San Miguel de Abona

Der Ort bietet ein dichtes Konzentrat der ländlichen Inselarchitektur

i Information

- Carretera a los Abrigos 16, San Miguel de Abona, Tel. 922 16 77 91, www.costa sanmiguel.com, Mo–Sa 9.30–13.30, Mo, Mi auch 16.30–18.30 Uhr
- Avenida José Miguel Galván Bello, Golfplatz Golf del Sur, Tel. 922 73 86 64, http://costasanmiguel.com, Mo–Fr 8–15 Uhr

Wer 20 bis 30 Min. Zeit hat, sollte in diesem Dörfchen halten. An einer einzigen kleinen Straße, der Calle de la Iglesia, mit niedrigen, bunt gestrichenen Häusern vermittelt sich der traditionelle, ländliche Geist der Insel. Mehrere Schilder informieren (auch in deutscher Sprache) über die unspektakuläre, aber dennoch wissenswerte Geschichte des Dorfes.

Auf einer Anhöhe, umgeben von Terrassen, die weite Ausblicke freigeben, steht die Kirche San Miguel Arcángel. An der Carretera a los Abrigos überrascht das märchenhafte, hellblaue Rathaus. Ein Auswanderer, der in San Miguel de Abona aufgewachsen und in Brasilien zu Wohlstand gelangt war, ließ dieses Gebäude in den 1920er-Jahren als Feriensitz für sich und seine Familie errichten.

Die Gemeinde San Miguel de Abona reicht nördlich über das Dorf hinaus, südlich bis zur Küste, schließt den Ort Los Abrigos und zwei Golfplätze ein.

Sehenswert

Casa del Capitán

| Museum |

Das Gebäude, vor etwa 200 Jahren errichtet, ist ein typisches Beispiel für einen noblen Landsitz mit Innenhof, Getreidespeicher, Weinkelter und -keller. Heute dient es als Wohn- und Landwirtschaftsmuseum, zudem gibt es Ausstellungen über traditionelle Handwerke und Kunsthandwerke der Insel.

■ Calle El Calvario, Tel. 922 70 08 87, Mo–Fr 9–13, 16.30–19.30 Uhr, Eintritt frei

In der Umgebung

Mirador de la Centinela

| Aussichtspunkt |

Hier reicht der Blick weit über die Vulkanlandschaften des Südens, man sieht dunkles Lavaland, graue Vulkankegel, aber auch die rötliche Montaña Roja bei El Médano. Am Mirador gibt es ein Café-Restaurant.

■ Landstraße TF 28 zwischen San Miguel de Abona und Valle San Lorenzo

34 Granadilla de Abona

Kanarischer Alltag in den Bergen, unspektakulär, aber angenehm

Information

■ Zuständig ist das Büro en El Médano (S. 108)

Der lang gestreckte Ort hat kaum Sehenswürdigkeiten im engeren Sinne, deshalb kommen nur sehr wenige Touristen. Bei einem Spaziergang und einem Besuch in einem der ganz normalen, schlichten Cafés an der Hauptstraße erhält man gute Einblicke in das Alltagsleben abseits des Tourismus. An der Plaza González Mena beherbergt das ehemalige Franziskanerkloster aus dem 17. Jh. ein Kulturzentrum, nebenan steht das moderne Rathaus. Weiter oben im Ort, an der Calle Padre Estéban erhebt sich die Hauptkirche des Ortes, Iglesia San Antonio de Padua (18./19. Jh.). Stolz ist man in Granadilla darauf, dass sich die Ureinwohner in dieser Gegend besonders lange der spanischen Conquista widersetzten.

Sehenswert

Museo de Historia de Granadilla de Abona

| Geschichtsmuseum |

In einem historischen Wohnhaus informiert das kleine Museum über die Kultur der Guanchen, die spanische Eroberung, das historische Alltagsleben, Bräuche und Traditionen.

■ Calle Arquitecto Marrero 3, Mo–Fr 8–14 Uhr, Eintritt frei

ADAC Spartipp

In der gesamten spanischen Gastronomie, ob auf dem Festland oder den Inseln, ist es Usus, ein **Menú del día** anzubieten, also einen Mittagstisch. Im Komplettpreis von 9–12 € sind enthalten: Vorspeise und Hauptgericht, Wasser, Brot und wahlweise Dessert oder Kaffee. In manchen Lokalen ist zudem ein Glas Wein inklusive. Serviert wird das Menú von 13 bis 16 Uhr. In Städten wie Santa Cruz oder Puerto de la Cruz an jeder Ecke, aber auch in touristischen Gebieten, nur muss man da vielleicht ein wenig suchen.

Restaurants

€€ | **Tasca Tierras del Sur** Gehobene kanarische, spanische und internationale Küche im gemütlichen Ambiente. Freundlicher Service und gute Weine. ■ Calle de Pedro González Gómez 20, Tel. 922771482, www.tascatierrasdelsur.com, Di–Sa abends

35 El Médano

Surfen für Fortgeschrittene – die Szene liebt diesen Ort mit beständigem Wind

Information

■ Plaza El Médano, Tel. 922176002, Mo–Fr 9–16.30, im Sommer bis 15.30 Uhr

Aus dem Fischerdorf El Médano wurde vor einigen Jahrzehnten ein Top-Spot der coolen, jungen internationalen Surferszene. Aber auch Surfer werden älter, mittlerweile treffen sich hier surfende Jugendliche, Eltern und manchmal auch Großeltern, und zum Wellenreiten und Windsurfen kamen inzwischen die Disziplinen Kitesurfing und Stand Up Paddling hinzu. Der kräftige und beständige Wind an der Playa de El Médano ist nahezu immer perfekt für die Wassersportler, etwas ruhiger ist das Wasser an der kleineren Playa Grande, die direkt an den Hauptplatz des Ortes grenzt.

Im Hintergrund erhebt sich die 171 m hohe Montaña Roja, hinter dem Vulkankegel schließt sich die lange Playa de la Tejita an. El Médano ist heute eine kleine Stadt mit viel Gastronomie, Surfshops und -schulen, völlig planlos gewachsen, aber das internationale, entspannt-sportliche Publikum sorgt für eine angenehme Stimmung.

Parken

Einziger größerer öffentlicher Parkplatz (unbewacht, kostenlos) in der Calle Tenerife. Ansonsten mit Glück an einer Straße. Oder vor 9 oder nach 18 Uhr kommen.

Restaurants

€€ | **El Caballo Blanco** Tinerfenische und internationale Küche, etwas anspruchsvoller als der Durchschnitt und mit schöner Terrasse direkt am Wasser. ■ Paseo El Picacho 8, Tel. 922179165, tgl. mittags bis nachts

An der Uferpromenade des kleinen Fischerorts **Los Abrigos** westlich von El Médano reiht sich ein Restaurant an das nächste, die meisten sind einander sehr ähnlich: einfache Ausstattung, ehrliche Küche, viel frischer Fisch und Meeresfrüchte.

Cafés

Veinte 04 Surf Café Terrasse am zentralen Platz, drinnen bequeme Sofas, sympathischer Service, guter Kaffee, Snacks und ganze Mahlzeiten. ■ Plaza El Médano, Tel. 922178375, Di–So von morgens bis nachts

Sport

Surf Center Playa Sur Treffpunkt, Verleihstation und Trainingszentrum für Windsurfer seit 1982, inzwischen auch Kitesurfing. ■ Calle La Gaviota, Tel. 922176688, http://surfcenter.eu

Tenerife Kitesurf Verleih und Schule für Windsurfing, Kitesurfing, Stand Up Paddling und Wellenreiten. Gegründet und geleitet von Sofía Rodriguez Lorenzo, spanische Kitesurf-Meisterin des Jahres 2002. ■ Paseo Nuestra Señora Mercedes Rojas 58, Tel. 922 17 91 77, http://tenerifekitesurf.es

36 Arico

Ein Dorf mit drei Teilen – und ganz unterschiedlichen Gesichtern

Information

■ Calle Benítez de Lugo 1, Villa de Arico, Tel. 922 76 82 42, www.ayuntamientode arico.com, Mo–Fr 9–14 Uhr

Arico besteht aus drei völlig verschiedenen Ortsteilen, die kilometerweit auseinanderliegen. Nordwestlich, wo die Landstraße TF 625 in die TF 28 mündet, liegt Arico Viejo, eine verschlafene Siedlung mit Wohnhäusern, ein paar Bars, Restaurants, Supermarkt und einer kleinen Kirche. Weitaus interessanter wird es im südlich gelegenen Arico Nuevo, einem im 18./19. Jh. im einheitlichen Stil erbauten Dorf mit so engen Straßen, dass man am Dorfeingang parken sollte. Das Zentrum bildet der Kirchplatz Plaza Iglesia Nuestra Señora de la Luz. Rund 5 km entfernt liegt an der Einmündung der TF 629 in die TF 28 Villa de Arico, der größte Ortsteil von allen. Die Kirche San Juan Bautista wurde ab dem 16. Jh. erbaut und vor einigen Jahren aufwendig saniert. Bauarbeiten sorgen auch dafür, dass der Hauptplatz des Ortes nicht öffentlich zugänglich ist. (Die Arbeiten sollen 2020 abgeschlossen werden.)

Restaurants

€ | **Alcandora** Auf den Tisch kommen eine kanarische Küche und Tapas, mit viel Liebe zubereitet. Ein gemütliches und freundlich geführtes kleines Restaurant am Kirchplatz. Schöne Terrasse, manchmal Livemusik. ■ Vera de los Cangueros 2, Arico Nuevo, Tel. 922 76 84 31, Mi–So mittags und abends

Die Playa de la Tejita bei El Médano wird von der Montaña Roja eingerahmt

Übernachten

Hotel- und Apartmentsiedlungen nehmen weite Teile der Region ein, die Auswahl ist somit gewaltig. Wer ein solides Mittelklassehotel oder -apartment am Meer sucht, reist am günstigsten, wenn er eine Pauschalreise bucht. An besonderen Unterkünften gibt es (mit wenigen Ausnahmen) nur Luxus- oder Landhotels. Bei Buchungen über Veranstalter können auch die Preise von Vier- und Fünf-Sterne-Häusern deutlich niedriger sein als hier angegeben.

Playa Paraíso 98

€€€ | **Roca Nivaria Gran Hotel** Fünf-Sterne-Hotel auf den Klippen, mit Infinity Pool und grandiosen Ausblicken aufs Meer. Edle Gastronomie, Kinderclub, Spa/Wellness. Dresscode zum Abendessen: sportlich-elegant. ■ Calle París, Tel. 922713369, www.adrianhoteles.com

La Caleta 99

€€€ | **Royal Hideaway Corales Beach Resort** Fantasievolle Architektur, extrem luxuriös (5 Sterne plus). 2017 eröffnet – ein Beispiel für den neuesten Hotel-Trend auf Teneriffa. Nur für Erwachsene. Zimmer ab ca. 400 €/Nacht bei individueller Direktbuchung, Pauschalreisen oft deutlich günstiger. ■ Playa de la Enramada, Tel. 922860912, www.barcelo.com

Costa Adeje 100

21 €–€€€ | **Jardín Tropical** Großer Garten, Genuss, Entspannung: Der Name »Tropischer Garten« hält, was er verspricht, die Anlage ist reich begrünt. Das 390-Zimmer-Hotel wirkt gar nicht so groß dank seiner verwinkelten, verspielten Architektur. An der Uferpromenade, schöne Pool- und Relaxbereiche, sehr gutes Restaurant (4 Sterne). ■ Calle Gran Bretaña, Tel. 922746000, www.jardin-tropical.com/de

€€€ | **Bahía del Duque** Eine der besten Anlagen im Süden, sehr beliebt, oft ausgebucht. Architektur und Design orientieren sich an kanarischen Traditionen – bis hin zu den Uniformen. Geräumige Zimmer, sehr guter Service, großer Luxus. ■ Avenida de Bruselas, Tel. 922746932, www.thetaishotels.com/bahia-del-duque/de

€€€ | **Iberostar Grand Hotel El Mirador** Das Fünf-Sterne-Hotel ist im Vergleich zu anderen Anlagen der Region recht klein (120 Zimmer) und bietet dennoch allen erdenklichen Luxus. Strandnah. Nur für Erwachsene (ab 16 Jahre). ■ Avenida Bruselas, Tel. 922716868, www.iberostar.com

Los Cristianos 105

€€–€€€ | **H10 Big Sur** Erwachsenenhotel (ab 18 Jahre) mit »nur« 167 Zimmern, das ist wenig für diese Gegend. Modernes, helles Design, sehr gepflegte Unterkünfte, Pools, Dachterrasse (4 Sterne). An der Strandpromenade. Mindestaufenthalt fünf Nächte. ■ Avenida Juan Carlos I 28, Tel. 922790366, www.h10hotels.com

Arona 105

€€–€€€ | **Regency Country Club** In Chayofa, zwischen Arona und Playa de las Américas, exklusive Anlage für Familien mit Kindern, gestaltet mit balinesischen Stilelementen (4 Sterne). 70 Apartments (mindestens zwei Zimmer, Küche). ■ Calle Armiche 1, Chayofa, Tel. 922 72 92 00, www.regencycountryclub.com/de

San Miguel de Abona 106

€ | **Hotel 4 Esquinas** Kleines Landhotel im Dorfzentrum im Gebäude aus dem 19. Jh. Sieben einfache, gemütliche Zimmer mit historischen Elementen (z. B. Holzfußböden). Schöner Innenhof mit Sitzecken, Restaurant. ■ Calle de la Iglesia 11, Tel. 922 70 11 87, www.hotel4esquinas.com

€€ | **Gran Muthu Golf Plaza Hotel & Spa** Studios/Apartments für zwei bis sechs Personen, alle mit Küche, Balkon. Hoher Komfort und vergleichsweise klein (170 Einheiten). An der Küste, in direkter Nähe zu zwei Golfplätzen (4 Sterne). ■ Urbanización Golf del Sur, Tel. 922 73 70 00, www.muthuhotels.com

Granadilla de Abona 107

€ | **Hotel Rural Senderos de Abona** In einem historischen Stadthaus am Rand des Ortes, 17 liebevoll gestaltete Zimmer mit schönen alten Holzfußböden und -decken. Kein Luxus (3 Sterne), aber sehr viel Flair. ■ Calle de la Iglesia 5, Tel. 922 77 02 00, www.senderosdeabona.es

El Médano 108

€–€€ | **Hotel Médano** Mitten im Ort, direkt am Wasser und an der Playa Grande. Das 1963 erbaute Haus war eines der ersten Hotels im Inselsüden. Schöne Sonnen- und Caféterrassen mit Ausblick auf Strände und die Montaña Roja. Schlicht-modernes Design, alle Zimmer mit Balkon (3 Sterne). ■ Paseo Picacho 2, Tel. 922 17 70 00, www.medano.es

ADAC Das besondere Hotel

Die **Hard-Rock-Hotelkette** gehört zu den Hard Rock Cafés und eröffnete diese Anlage 2016. Die 624 Zimmer verteilen sich auf zwei Hochhäuser; öffentliche Bereiche und Zimmer sind schick im Seventies-Stil gestaltet. Musik läuft fast rund um die Uhr, DJs legen auf, Livemusik bisweilen schon zum Frühstück, Songs hört man auch unter Wasser im Pool. Alles auf 5-Sterne-Niveau. *€€€ | Hard Rock Hotel, Avenida Adeje 300, Playa Paraíso, Tel. 922 74 17 00, www.hardrockhoteltenerife.com*

Der Teide und das Zentrum

Hochgebirge, Vulkanlandschaften, Wälder – das kaum besiedelte Gebiet ist Teneriffas größter Naturschatz

Kaum ein Inselbesucher, der nicht einmal zum Teide fährt – oder auch hinauf, mit der Seilbahn. Der oft schneebedeckte Gipfel des Vulkans ist das beliebteste Postkartenmotiv Teneriffas. In lediglich acht Minuten erreicht man die Bergstation auf 3555 m Höhe, danach sind es noch 163 Höhenmeter bis zum Gipfel, für dessen Besteigung man allerdings eine Genehmigung benötigt. Wer fit ist, kann auch am Fuße des Teide starten und ihn entweder im Rahmen einer Tageswanderung erklimmen oder unterwegs in der schlichten Berghütte übernachten.

Die Landschaft im Nationalpark zeigt sich mal dunkelgrau bis schwarz, mal rostrot, oft beige oder gelblich, hier und dort auch lila oder gar schneeweiß. Hinzu kommt die Vielfalt der Formen: Sandwüste, Aschefelder, erstarrte Lavaströme, kleine Vulkankegel, Krater, zerklüftete Felsformationen ... Gut ausgebaute Wege kreuz und quer durch diese unwirklich erscheinenden Landschaften stehen Wanderern zur Verfügung. Auch die Straßen sind sehr gepflegt und von Aussichtspunkten gesäumt, sodass man auf Tagesausflügen mit dem Mietwagen ebenfalls sehr schöne Ein- und Überblicke erhält. Rund um den Nationalpark zieht sich der Parque Natural Corona Forestal, ein Waldgebiet mit dichtem Kiefernbewuchs. Nahe Vilaflor, dem höchstgelegenen Dorf der Insel, führen herrliche Wanderwege durch das Naturschutzgebiet, u.a. zu den zauberhaften Tuffsteinfelsen der »Mondlandschaft« Paisaje Lunar.

Für astronomische Beobachtungen ist Teneriffa einer der besten Orte auf der gesamten Nordhalbkugel, deshalb befindet sich hier ein astrophysisches Forschungszentrum mit über 60 Teleskopen. Willkommen sind auch Laien, die geführten Besichtigungen dort sind interessant und unterhaltsam für Erwachsene und Kinder.

In diesem Kapitel:

ADAC Top Tipps:

10 **Parque Nacional del Teide**
| Nationalpark |
Der Teide ist mit 3718 m der höchste Berg Spaniens. Ihn umgeben Vulkanlandschaften mit Aussichtspunkten und Wanderwegen. 114

ADAC Empfehlungen:

22 **Observatorio Astrofísico del Teide**
| Observatorium |
Forschungsinstitute aus aller Welt nutzen hier auf einer Höhe von 2390 m mehr als 60 Teleskope. 116

23 **Pico del Teide**
| Berggipfel |
Wanderern und Passagieren der Seilbahn eröffnen sich sensationelle Weitblicke über die Insel. 117

24 **Atardecer y Estrellas en el Teide**
| Nachtausflug |
Geführte Tour: Sonnenuntergang auf dem Teide, Abendessen, anschließend Sternenbeobachtung. 117

25 **Paisaje Lunar**
| Landschaft |
Helle Tuffsteinkegel umringt von Wald: abstrakte Kunstwerke der Natur. 118

Erstarrte Lavaströme und bizarre Felsformationen im Parque Nacional del Teide

37 Carretera de la Esperanza, TF 24

Die Panoramastraße bietet den schönsten Weg zum Nationalpark

Aus Richtung Norden kommend, ist diese Strecke die mit Abstand schönste zum Teide-Nationalpark. Von Puerto de la Cruz dauert die Fahrt etwas länger als via TF 21, doch der Umweg lohnt sich. Zunächst geht es durch den Bosque de la Esperanza, ein Waldgebiet mit Pinos canarios, Kanarischen Kiefern. Auch Eukalyptusbäume wachsen hier – und, in steigender Höhe, die Fayal-Brezal genannte Vegetation mit Strauchgewächsen wie Baumheide und Gagelbaum. Zudem säumt teils wertvoller Lorbeerwald die Straße.

An der Strecke liegen viele Aussichtspunkte, rechter Hand sieht man das Orotava-Tal, links die grünen Felsen des Tals von Güímar, in der Ferne die Insel Gran Canaria. Bis 1500 m Höhe bedecken meist Wolken den Norden, darüber scheint die Sonne. Ab etwa 2000 m über dem Meeresspiegel breitet sich eine Wüstenlandschaft aus, und der Teide-Gipfel ist zu erkennen.

Die Straße ist für große Busse gesperrt. Organisierte Touren sind nur mit Kleinbussen möglich (vorab beim Veranstalter erkundigen; Volcano Teide Experience etwa bietet Ausflüge ab Teneriffa-Nord in kleinen Gruppen an, www.volcanoteide.com).

38 Parque Nacional del Teide

10 *Vielfältige Vulkanlandschaften und der höchste Berg Spaniens*

i Information

■ Centro de Visitantes Telesforo Bravo, Calle Dr. Sixto Perera González 25, La Orotava, Tel. 922 92 23 71, Di–So 9–14, 15.30–18 Uhr

■ Centro de Visitantes El Portillo, Landstraße TF 21, km 32,1, Tel. 922 92 23 71, tgl. 9–16 Uhr

Der Vulkan Teide ist Teneriffas natürliche Hauptattraktion und sein Wahrzeichen, mit 3718 m ist er der höchste Berg ganz Spaniens und aller atlantischen Inseln. Fast jeder Inselbesucher macht einen Ausflug zum Teide, dank des gut ausgebauten Straßennetzes ist das im Rahmen einer Tagestour möglich, ganz egal, wo man startet und ob man mit dem eigenen Wagen oder einer Gruppe im Bus unterwegs ist. Dabei bleibt auch noch genug Zeit, nicht nur zum Fuß des Teide und per Seilbahn hinaufzufahren, sondern noch weitere Teile des 190 km^2 großen Nationalparks, der den Hauptvulkan umschließt, zu erkunden. So kann man etwa von Mirador zu Mirador fahren oder auch eine Wanderung unternehmen, es gibt 20 ausgebaute und markierte Wanderwege.
Südlich und östlich des Teide breitet sich die Hochebene Cañadas del Teide aus, sie liegt im Durchschnitt 2000 m über dem Meeresspiegel. Mal zeigt sich die Landschaft dunkelgrau bis schwarz, mal rostrot, oft beige oder gelblich, hier und dort aber auch lila oder schneeweiß … Schon allein die Farbabstufungen sind berauschend, hinzu kommt die Vielfalt der Formen: Sandwüste, Aschefelder, erstarrte Lavaströme, kleine Vulkankegel, Krater und zerklüftete Felsformationen.
Seit 2007 gehört der Nationalpark zum UNESCO-Weltnaturerbe, Naturschutz wird sehr groß geschrieben. So ist es verboten, Steine als Souvenir mitzunehmen oder jenseits markierter Wege zu wandern. Angesichts der etwa 3 Mio. Besucher jährlich sind solche Maßnahmen nötig. Dass sie erfolgreich sind, zeigt sich an dem sauberen und wilden, ja, fast unberührt wirkenden Zustand der Landschaft.
Wer einen Mietwagen hat und Vulkanlandschaften mag, sollte erwägen, zwei Ausflüge in den Teide-Nationalpark zu machen, einmal aus Richtung La Orotava oder La Laguna kommend, einmal aus dem Süden oder Westen. Erst dann erschließt sich die gesamte

ADAC Mobil

Mit den Landstraßen TF 21, TF 24 und TF 38 ist der **Nationalpark** bestens erschlossen. Der Zustand der Straßen ist sehr gut. Die Einfahrt zum Nationalpark ist kostenlos und 24 Std. täglich möglich. Parkplätze sind an allen Aussichtspunkten reichlich vorhanden. An der Talstation der Seilbahn kann das Parken allerdings problematisch werden. Ohnehin empfiehlt sich die Nutzung der Seilbahn außerhalb der Stoßzeiten (siehe Verkehrsmittel, S. 117).
Auch mit öffentlichen Verkehrsmitteln ist der Nationalpark erreichbar: Die Buslinie 342 fährt jeden Morgen einmal von Costa Adeje via Los Cristianos zum Parador-Hotel im Nationalpark, weiter zur Seilbahn und zum Besucherzentrum El Portillo; jeden Nachmittag geht es die gleiche Strecke zurück. Die Buslinie 348 fährt täglich einmal morgens von Puerto de la Cruz via La Orotava und Besucherzentrum El Portillo zur Seilbahn und zum Parador-Hotel; ebenfalls täglich geht es nachmittags zurück (www.titsa.com).

ADAC Wussten Sie schon?

Die Namen der zwei wichtigsten **Lava**-Arten erklären sich folgendermaßen: Pahoehoe-Lava ist dünnflüssig und bildet, wenn sie erstarrt, eine glatte oder faltige Oberfläche. Das Wort Pahoehoe kommt aus Hawaii und bezeichnet einen Untergrund, auf dem man gut barfuß laufen kann. AA-Lava ist dickflüssig und hat im erstarrten Zustand eine Oberfläche mit spitzen Zacken und scharfen Kanten. Läuft man barfuß darauf, tut es weh – man ruft »A, A!« (Autsch!).

wundervolle Vielfalt – wobei Voraussetzung ist, dass man mal im Norden der Insel, mal im Süden übernachtet. Besonders eindrucksvoll sind auch Ausflüge bei Sonnenuntergang, wenn sich die Farben der Landschaften noch intensiver zeigen und Ruhe im Park einkehrt. Zur Vorbereitung individueller Touren ist das neue Besucherzentrum »Centro de Visitantes Telesforo Bravo« in La Orotava besonders gut geeignet. Reichlich Informationen erhält man auch im »Centro de Visitantes El Portillo«, das dritte Besucherzentrum ist sehr klein.

Sehenswert

Mirador La Tarta

| Aussichtspunkt |

Wie eine kunstvoll geschichtete Torte erscheint hier die vielfarbige Abbruchkante an der Landstraße, deshalb der Name: »Tarta« bedeutet Torte. Am Aussichtspunkt eröffnet sich ein schöner Weitblick auf den Gipfel des Teide; zudem sind die weißen Gebäude des Observatorio Astrofísico auf einer Bergkuppe zu erkennen. Oft sieht man hier auch das abrupte Ende des Wolkenmeeres, das sich über dem Orotava-Tal staut – jenseits der nördlichen Wolkenmassen und darüber herrscht meist wundervoller Sonnenschein. Ein bedeckter Himmel in Puerto de la Cruz und Umgebung muss also überhaupt nicht bedeuten, dass der Tag ungeeignet ist für einen Teide-Ausflug.

■ Carretera TF 24, am Eingang zum Nationalpark

Observatorio Astrofísico del Teide

| Observatorium |

22 *Zu Gast bei Astrophysikern in einer bedeutenden Forschungsstation*

Die Kanarischen Inseln La Palma und Teneriffa zählen neben Hawaii und der Atacama-Wüste in Chile zu den international besten Standorten für die Erforschung des Weltalls. Auf 2390 m Höhe befindet sich auf dem Berg Izaña im Teide-Nationalpark eine 50 ha große astrophysische Station, die 1964 eröffnet wurde. Hier forschen 49 Universitäten und wissenschaftliche Institute aus 26 Ländern, sie nutzen dabei mehr als 60 Teleskope. Ein Schwerpunkt liegt auf der Sonnenbeobachtung, die drei hier installierten Sonnenteleskope bilden die wichtigste Anlage ihrer Art weltweit. Auf geführten Besichtigungen erhalten Erwachsene und Kinder interessante Einblicke in die Forschung, die Instrumente und das Weltall.

■ Eingang an der Straße TF 514, km 1; geführte Besichtigungen (90 Min., auch auf Deutsch) organisiert Volcano Teide Experience, Tel. 922 01 04 44, www.volcanoteide.com, 21 €, Kinder frei, Transfer optional buchbar, Website des astrophysischen Instituts: www.iac.es

Pico del Teide

| Berggipfel |

23 *Tausende Meter über dem Meer auf Spaniens höchstem Berg*

Nur 200 Personen dürfen täglich den 3718 m hohen Gipfel des Teide erklimmen, man benötigt dafür eine Genehmigung. Startpunkt der Wanderung ist entweder auf 2320 m Höhe, am Fuß der Montaña Blanca nahe der Talstation der Seilbahn (Wanderung Nr. 7, sehr anspruchsvoll), an der Berghütte Refugio de Altavista (am Wanderweg Nr. 7 auf 3260 m Höhe, Infos zur Übernachtung siehe S. 120) oder die Bergstation der Seilbahn auf 3555 m Höhe.

Auch wer nur mit der Seilbahn hinauffährt und den Gipfel nicht besteigt, erlebt von diversen Aussichtspunkten wunderbare Blicke über Teneriffa und die Nachbarinseln. Während gen Süden oft freie Sicht herrscht, schaut man Richtung Norden nicht selten auf ein Wolkenmeer. Da es oben sehr kühl sein kann und zugleich die Sonne intensiv scheint: Denken Sie an warme Kleidung, Kopfbedeckung und Sonnenbrille sowie feste Schuhe! Aufgrund des extremen Höhenunterschiedes sollten Personen mit Herzproblemen auf die Seilbahnfahrt verzichten.

■ Genehmigung zur Wanderung auf den Gipfel: www.reservasparquesnacionales.es

Roques de García

| Landschaft |

Zahlreiche schmale, einzeln stehende Felsen ragen hier bis zu 30 m in die Höhe, und jeder hat eine die Fantasie anregende Form – etwa der »Dedo de Dios« (Gottesfinger). Ein Aussichtspunkt und ein kleiner Rundweg ermöglichen schöne Ansichten und Fotos.

■ Carretera TF 21, gegenüber dem Parador-Hotel

Verkehrsmittel

Teleférico del Teide Nur acht Minuten dauert die Gondelfahrt von der Tal- zur Bergstation, von 2356 auf 3555 m über dem Meeresspiegel. Zwischen 11 und 15 Uhr ist es oft voll, Individualreisenden empfiehlt sich eine frühere oder spätere Fahrt. Dann hat man auch gute Chancen auf einen der 220 kostenlosen Parkplätze. Maximaler Aufenthalt zwischen Auf- und Abfahrt: eine Stunde. Personen mit Herzproblemen, Schwangere und Kinder unter 2 Jahren dürfen die Seilbahn nicht nutzen. Tickets sind online erhältlich, an Hotelrezeptionen, in Reisebüros oder direkt an der Talstation. Mit vorab gekauften Tickets vermeidet man Wartezeiten, geht aber das Risiko ein, dass die Fahrt bei schlechtem Wetter ausfällt (bis 30 Min. vor der gebuchten Fahrt können für Online-Tickets kostenfrei die Termine geändert werden). ■ Carretera TF 21, km 43, Tel. 922 01 04 40, www.volcanoteide.com, tgl. 9–17, im Sommer bis 19 Uhr, letzte Auffahrt jeweils eine Stunde vor Schließung, 27 €, Kinder von 3–13 Jahren 13,50 €

Restaurants

€ | **La Bamby** Auf den Tisch kommt eine rustikale Küche, das Mittagsmenü (drei Gänge) kostet 12 €. Große Panoramaterrasse mit perfektem Ausblick auf den Teide und Umgebung. ■ Carretera General Las Cañadas/TF 21 (nahe Besucherzentrum El Portillo), Tel. 922 35 60 06, www.portillobamby.es, tgl. 9–18 Uhr

Erlebnisse

24 **Atardecer y Estrellas en el Teide** Dieser organisierte nächtliche Gruppenausflug beginnt mit der

abendlichen Seilbahnfahrt, oben auf dem Teide angekommen, gibt es ein Glas Sekt, dann folgt ein Spaziergang bei Sonnenuntergang. Die Abendsonne taucht den Nationalpark in fantastische Farben. Nachdem sie am Horizont verschwunden ist, geht es mit der Gondel wieder hinab. Unten wird ein feines Fingerfood-Menü serviert, schließlich erklärt ein Experte in der tiefen Finsternis der Lavalandschaft den leuchtend hellen Sternenhimmel; auch Teleskope stehen zur Verfügung. Dauer des Programms: etwa sechs Stunden. Auch in deutscher Sprache. ■ Veranstalter: Volcano Teide Experience, Tel. 922010444, www.volcanoteide.com, 121 € inkl. Speisen und Getränke, Kinder 70,50 €, Transfer zusätzlich buchbar

Wandern

Siete Cañadas Eine der einfachsten und beliebtesten Routen im Nationalpark. Das Wort »cañadas« bezeichnet eigentlich Hirtenwege, in diesem Fall sind damit allerdings Hohlwege oder schlicht Pfade gemeint. Die Route führt vorbei an markanten Felsformationen, steilen Wänden, an rauen Lavafeldern und vielfarbigen Ebenen. Auch die hiesige Flora ist sehr sehenswert, insbesondere im Frühling und Frühsommer, wenn der – für den Nationalpark typische – Tajinaste (Wildprets Natternkopf, auch Teide-Natternkopf genannt) seine bis zu drei Meter hohen Blüten trägt. ■ Streckenwanderung, 16,6 km; Start- bzw. Endpunkt: Besucherzentrum El Portillo, Besucherzentrum Cañada Blanca; Höhenmeter: +585 m/ -505 m (Nord-Süd-Richtung); Schwierigkeitsgrad: mittel; ausgeschildert als Wanderweg Nr. 4; An-/Abfahrt mit dem Bus: siehe ADAC Mobil, S. 115

39 Paisaje Lunar

25 *Diese Kunstwerke der Natur bekommen nur Wanderer zu Gesicht*

Wind und Regen formten aus Tuffsteinfelsen diese »Mondlandschaft« (»paisaje lunar«): Wie riesige Skulpturen wirken die hellen, ungefähr 10 m hohen Kegel. Sie sind umgeben von Pinienwald – ein unwirklich scheinender, faszinierender Anblick. Genießen darf man ihn nur von einem Aussichtsbalkon, der im Rahmen einer Wanderung zu erreichen ist. Der Abstieg zu den Felsen ist verboten.

Wandern

Die Wanderung zur Paisaje Lunar startet am Marktplatz in Vilaflor und ist als Route **PR-TF 72** beschildert. Die Strecke führt durch Pinienwald, an Terrassenfeldern entlang und bietet immer wieder schöne Ausblicke auf den Ort Vilaflor. Der größte Teil des Weges ist als Rundwanderung vorgesehen, geht man stattdessen denselben Weg zur Paisaje Lunar und zurück, ist die Route ein wenig kürzer. Schwierigkeitsgrad: mittel, Länge: 13 km, Höhenmeter: +/- 777 m, Dauer: 4,5–6 Std.

40 Vilaflor

Urlaubsort für Wanderfreunde und Durchgangsort für Ausflügler

Information

■ Plaza de San Pedro Apóstol, Tel. 922709802, www.vilaflordechasna.es, Mo–Sa 10–15, im Sommer Mo–Fr 7.30–14 Uhr

Die Hauptattraktion von Vilaflor ist seine Lage, es sind v.a. Wanderer und

Ausflügler auf der Durchfahrt zum Teide, die das Dorf besuchen. Es ist die höchstgelegene Siedlung der Insel (1500 m) und heißt offiziell Vilaflor de Chasna, wird im Alltag aber nie so genannt. Der Kiefernwald des Parque Natural Corona Forestal umgibt das Dorf, zugleich liegt es nahe dem südlichen Eingang zum Teide-Nationalpark. Einst war es ein beliebter Luftkurort, hier befand sich das erste Hotel im Inselsüden. In der Umgebung sprudeln Mineralwasserquellen, das Wasser kommt unter der Marke Fuentealta in Supermärkte und die Gastronomie.

Sehenswert

Plaza de San Pedro Apóstol

| Platz |

Am Hauptplatz des Dorfes stehen die Kirche San Pedro Apóstol aus dem 17. Jh. und die Kapelle Santuario del Santo Hermano Pedro, eine Pilgerstätte. Der in Vilaflor geborene Hermano Pedro (1626–1667) war Missionar und Ordensgründer in Guatemala. Der Bau der Kapelle an der Stelle seines Geburtshauses wurde bereits im 18. Jh. begonnen, aber erst 2002 abgeschlossen – in jenem Jahr sprach Papst Johannes Paul II. ihn heilig. Mehrere Geschäfte an der Plaza de San Pedro verkaufen Kunsthandwerk, insbesondere in Vilaflor gefertigte Stick- und Spitzenarbeiten.

In der Umgebung

El Pino Gordo

| Baum |

»Die dicke Pinie« hat einen Umfang von 9 m. Gegenüber erhebt sich »El Pino de las dos Pernadas« – die 56 m hohe »zweibeinige Pinie« – bei der

Blühende Tajinaste (Wildprets Natternkopf); die Pflanze wird bis zu 3 m hoch

es sich eigentlich um zwei ineinander verwachsene Bäume handelt.

■ An der Landstraße nördlich von Vilaflor

Parque Natural Corona Forestal

| Naturschutzgebiet |

Der »Naturpark Waldkrone« umgibt den Teide-Nationalpark. Er besteht überwiegend aus Pinos canarios, das sind Kanarische Kiefern mit so dicker Rinde, dass die Bäume sich nach Waldbränden regenerieren können. An den Straßen, die durch das knapp 47 ha große Naturschutzgebiet führen, gibt es viele Rast- und Grillplätze, z. B. an der TF 21 nördlich und an der Straße TF 563 südlich von Vilaflor. Sie sind beliebte Ausflugsziele bei Einheimischen. Nahe Vilaflor führen mehrere beschilderte Wanderwege durch das Gebiet.

Übernachten

Sehr wenige Gäste übernachten im inneren Zentrum Teneriffas, zur Auswahl stehen nur einige Häuser in Vilaflor sowie eine Berghütte und ein Parador-Hotel im Nationalpark. Schon in Vilaflor hat man das Gefühl, Welten von der Südküste entfernt zu sein, dabei sind es nur 25 km nach Los Cristianos. Vor allem Wanderer entscheiden sich für einige Übernachtungen im Zentrum. Ins Reisegepäck gehört dann auch warme Kleidung, die Temperaturen liegen zehn und mehr Grad unter denen am der Küste.

Teide-Nationalpark 114

€ | **Refugio de Altavista** Berghütte auf 3260 m Höhe. Man erreicht sie mit der Seilbahn und einer anschließenden einstündigen Wanderung oder auf dem sehr schwierigen Wanderweg Nr. 7 ab Montaña Blanca (S. 117). Ein Ziel der Gäste ist es insbesondere, den Sonnenaufgang auf dem Teide-Gipfel zu erleben. Check-in 17–22, Check-out bis 7.30 Uhr. Reservierung obligatorisch. ■ Tel. 922 01 04 40, www.volcanoteide.com

Vilaflor 118

€€ | **Hotel Spa Villalba** Sehr einsam, etwas außerhalb des Ortes gelegen, am Rande des Pinienwaldes der Corona Forestal. Zimmer und öffentliche Räume im Landhausstil. Hoher Komfort (4 Sterne), Restaurant, Spa/Wellnessbereich mit Saunen, Sanarium, Whirlpool, Kieselsteinpfad, Wellness- und Ayurveda-Massagen. Nur für Erwachsene und Jugendliche ab 14 Jahren. ■ Camino San Roque, Tel. 922 70 99 30, www.hotelvillalba.com/de

ADAC Das besondere Hotel

Die **»Paradores«** sind eine spanische Kette mit Hotels fast ausschließlich in alten Burgen und Schlössern. Dieser Parador ist anders: Erbaut im Stil eines Gutshauses, liegt er mitten im Nationalpark. Die Zimmer sind relativ einfach, doch der Service ist gut – und das Erlebnis einmalig: die tief dunkle Nacht, die Farben des Sonnenaufgangs in Ruhe und Stille erleben, ein Traum!
€€€ | Parador de las Cañadas del Teide, Las Cañadas del Teide, Tel. 922 38 64 15, www.parador.es

ADAC Service Teneriffa

Beim **ADAC Infoservice**, in den **ADAC Geschäftsstellen** sowie auf dem **Internetportal des ADAC** (adac.de) erhalten Sie Informationen zu den Dienstleistungen des Automobilclubs und zu Ihrem Reiseziel. Als **ADAC Mitglied** können Sie zudem das kostenlose **ADAC Tourset® Teneriffa** mit vielen Reiseinfos und Karten anfordern oder die **Tourset App** auf dem **Smartphone** oder **Tablet-PC** installieren (adac.de/toursetapp).
Rufen Sie bei Pannen und Notfällen die **ADAC Pannenhilfe** bzw. den **ADAC Ambulanzdienst** an. Unser Team steht Ihnen rund um die Uhr zur Verfügung.

ADAC Infoservice

T 0800 510 11 12
Infos zu allen ADAC Leistungen
(Mo–Sa 8–20 Uhr, gebührenfrei)

ADAC Ambulanzdienst

T 089 76 76 76
(Erkrankung, Unfall, Verletzung, Transportfragen, Todesfall)

ADAC Pannenhilfe Deutschland

T 089 20 20 4000, Mobil 22 22 22
(Verbindungskosten je nach Netzbetreiber/Provider)

ADAC Pannenhilfe Ausland

T +49 89 22 22 22
(Verbindungskosten je nach Netzbetreiber/Provider)

Internet-Serviceangebote des ADAC für Ihre Reiseplanung

Service	**Webadresse**
Aktuelle Verkehrslage	adac.de/verkehr
ADAC Routenplaner	adac.de/maps
Infos zu Tankstellen und Spritpreisen	adac.de/tanken
Infos zu mautpflichtigen Strecken	adac.de/maut
Infos zu Fährverbindungen	adac.de/faehren
ADAC Tourmail (aktuelle Infos vor Anreise)	adac.de/tourmail
Informationen für Camper	adac.de/camping
Informationen für Motorradfahrer	adac.de/motorrad
Informationen für Segler und Skipper	adac.de/sportschifffahrt
ADAC Reiseangebote	adacreisen.de
ADAC Autovermietung	adac.de/autovermietung
ADAC Versicherungen für den Urlaub	adac.de/versicherungen
Weltweite Preisvorteile für ADAC Mitglieder	adac.de/vorteile-international

Diese **Produkte des ADAC** könnten Sie interessieren: **ADAC Reiseführer Gran Canaria**, **ADAC Reiseführer Lanzarote** und **Das große Kreuzfahrtbuch** – erhältlich im Buchhandel, bei den ADAC Geschäftsstellen und in unserem ADAC Online-Shop (adac.de/shop).

Anreise und Einreise

Flugzeug

Teneriffa verfügt über zwei Flughäfen: **Teneriffa-Nord** (Aeropuerto Los Rodeos) bei La Laguna, 10 km von Santa Cruz de Tenerife und 80 km von Los Cristianos entfernt; **Teneriffa-Süd** (Aeropuerto Reina Sofía) bei El Médano, 63 km von Santa Cruz und 18 km von Los Cristianos entfernt. Der Flughafen im Norden wird vor allem für Flüge zur Iberischen Halbinsel sowie für innerkanarische Flüge genutzt. Fast alle internationalen Flüge werden am Airport im Süden abgewickelt.

Eine Fluganbindung zwischen Teneriffa und anderen Kanarischen Inseln haben die Gesellschaften Binter sowie Air Europa. www.bintercanarias.com, www.aireuropa.com im Programm.

Fähre

Ab/bis Santa Cruz verkehren Personen- und Autofähren nach/von dem spanischen Festland sowie den Kanarischen Inseln Gran Canaria, Fuerteventura, Lanzarote und La Palma. Ab/bis Los Cristianos fahren Fähren nach/von den Kanarischen Inseln La Gomera, El Hierro und La Palma.

Die Fähren der Gesellschaft **Fred Olsen** verbinden Teneriffa mit allen anderen Kanarischen Inseln außer El Hierro. Tel. 902 10 01 07, www.fredolsen.es.

Die Schiffe von **Naviera Armas** fahren zwischen Teneriffa und allen Kanarischen Inseln sowie zwischen Teneriffa und Huelva in Südspanien. Tel. 902 45 65 00, www.navieraarmas.com.

Die Fähren von **Trasmediterranea** verkehren zwischen Teneriffa und Gran Canaria, Fuerteventura, Lanzarote, La Palma und Cádiz in Südspanien. Tel. 902 45 46 45, www.trasmediterranea.es.

Einreise und Dokumente

Für Bürger der EU-Staaten und für Bürger der Staaten des Schengen-Raumes (z. B. Schweiz) genügt ein gültiger **Personalausweis** oder **Reisepass**.

Auto und Straßenverkehr

Straßennetz und Sicherheit

Autofahren ist auf Teneriffa keine besonders große Herausforderung: Die Straßen sind in sehr gutem Zustand, das gilt auch für entlegene Gegenden und die Strecken im Teide-Nationalpark. Die Einheimischen sind daran gewöhnt, dass Touristen manchmal etwas unsicher fahren. In der Regel nehmen sie darauf Rücksicht. Allgemein ist das Fahrverhalten angenehm und eine Autofahrt nicht riskanter als zu Hause. Da es auf Teneriffa enorme Höhenunterschiede und starke Steigungen gibt, sollte man einen Mietwagen mit ausreichend PS wählen. Alle Straßen sind mautfrei.

Führerschein

Für EU-Bürger reicht der **nationale Führerschein**. Viele andere brauchen einen internationalen Führerschein – spezielle Regelungen bitte beim spanischen Konsulat/Botschaft erfragen.

Tempolimits auf Teneriffa

Straße	Tempolimit
Autobahn	max. 120 km/h
Landstraße	max. 90 km/h
Ortschaft	max. 50 km/h

Verkehrsvorschriften

Das Telefonieren ohne Freisprechanlage ist verboten. Die Promillegrenze beträgt 0,5. Überholen ist nur links erlaubt. Für Mofa- und Motorradfahrer gilt Helmpflicht. Ein Verstoß gegen Regeln kann sehr viel teurer als zu Hause werden.

Tanken

Das Tankstellennetz ist dicht, die Benzinpreise sind deutlich geringer als z. B. in Deutschland oder auch in Festlandspanien. An den Zapfsäulen arbeiten noch Tankwarte, Kunden betanken ihre Autos nicht selbst.

Parken

Siehe S. 129

Unfall

Nach einem Unfall sollten Sie sofort anhalten, die Unfallstelle absichern und gegebenenfalls Erste Hilfe leisten. Kommen Mietwagen oder andere beteiligte Fahrzeuge und/oder Personen zu Schaden, müssen Sie die **Polizei** verständigen (Notruf: 112) und den Vermieter informieren. Notieren Sie dabei Kennzeichen, Namen und Anschriften von Fahrern und Haltern der beteiligten Fahrzeuge sowie deren Haftpflichtversicherung und Versicherungsnummer. Außerdem sollten Sie Namen von (möglichst neutralen) Unfallzeugen festhalten und die Unfallstelle fotografieren. Unterzeichnen Sie keine fremdsprachigen Schriftstücke, deren Inhalt nicht verständlich ist.

Barrierefreies Reisen

Viele **Strände** sind für Rollstuhlfahrer barrierefrei, vor allem in Los Cristianos, Playa de las Américas und Costa Adeje, aber auch in San Andrés, Playa de San Juan und andernorts. Es gibt dort Rampen und spezielle Strandwege, Behinderten-WCs und -Duschen, teilweise auch Verleih von Amphibienrollstühlen und schwimmenden Gehstützen. Komplett barrierefrei ist die Uferpromenade im Süden. Zudem sind überall auf der Insel viele Touristenbüros, Museen und andere Einrichtungen barrierefrei oder -arm. Es gibt für Rollstühle geeignete Wanderwege und Aussichtspunkte. Aus diesen Gründen ist Teneriffa unter anderem auch bei Sportlern mit Handicap beliebt.

Eine deutschsprachige **Broschüre** über das barrierefreie Teneriffa ist in den Touristeninfos oder zum Download (www.webtenerife.com) erhältlich.

Detaillierte Infos erteilt Sinpromi, die »Insel-Gesellschaft zur Förderung von körperbehinderten Personen«, Tel. 922 24 91 99, www.tenerife-accesible.org (auch auf Deutsch).

Diplomatische Vertretungen

Die Auslandsvertretungen Ihres Heimatlandes helfen Ihnen, wenn Sie Reisedokumente verloren haben, oder vermitteln, falls es zu Problemen mit spanischen Behörden kommen sollte.

Deutsche Botschaft Madrid

■ Calle de Fortuny 8, 28010 Madrid, Spanien, Tel. 915 57 90 00, www.spanien.diplo.de, Termin nur nach Vereinbarung

Deutsches Konsulat auf Gran Canaria (zuständig auch für Teneriffa):

■ Calle Albareda, 3-2°, 35007 Las Palmas de Gran Canaria, Tel. 928 49 18 80, www.spanien.diplo.de, Mo–Fr 9–12 Uhr

Österreichischer Honorarkonsul auf Teneriffa

■ Boris Gunnar Klemmer, Calle Pérez Zamora 9, 2°, Puerto de la Cruz, Tel. 922 37

63 64, www.bmeia.gv.at/oeb-madrid, Di 10–13, Do 15–18 Uhr

Schweizer Konsulat auf Gran Canaria (Las Palmas)

■ Urbanización Bahía Feliz, Edificio de Oficinas, Local 1, Playa de Tarajillo, Tel. 928 15 79 79, www.eda.admin.ch/madrid

Feiertage

1. Januar (Neujahr), 6. Januar (Heilige Drei Könige, Epifania del Señor), 2. Februar (Tag der Maria von Candelaria, Festividad de la Virgen de Candelaria), Gründonnerstag, Karfreitag, 1. Mai (Tag der Arbeit, Día del Trabajo), 30. Mai (Feiertag der Kanarischen Inseln, Día de Canarias), 15. August (Mariä Himmelfahrt, Asunción de la Virgen), 12. Oktober (spanischer Nationalfeiertag, Fiesta Nacional de España), 1. November (Allerheiligen, Todos los Santos), 6. Dezember (Tag der spanischen Verfassung, Día de la Constitución), 8. Dezember (Fest der Unbefleckten Empfängnis, Inmaculada Concepción), 25. Dezember (Weihnachtsfeiertag, Navidad).

Hinzu kommen lokale Feiertage wie beispielsweise der Faschingsdienstag und der 3. Mai, der Día de la Cruz in Santa Cruz de Tenerife.

In der Karwoche (Semana Santa) und der Osterwoche machen viele Tinerfeños Urlaub, dann schließen auch zahlreiche Geschäfte.

Geld und Währung

Die Dichte an **Geldautomaten** (»cajero automático«) ist sehr groß, sodass man mit EC- oder Kreditkarte jederzeit an Bargeld kommt. Fast alle Geschäfte, viele Restaurants und andere Dienstleister akzeptieren die Zahlung mit **Kreditkarte**. Banken braucht man also eigentlich nicht – falls doch einmal: Sie sind nur vormittags geöffnet (Mo–Fr ca. 9–14 Uhr). Es gilt der Euro.

Generell ist Teneriffa ein preiswertes Reiseziel, was auch damit zusammenhängt, dass auf der Insel keine normale Mehrwertsteuer erhoben wird, sondern nur eine allgemeine Abgabe in Höhe von 7 %. Auch entfallen Sondersteuern, etwa auf alkoholische Getränke oder Tabakwaren. Das Preisniveau der Hotellerie und Gastronomie variiert stark zwischen Touristenzentren und Gebieten, in denen der Tourismus eine kleinere Rolle spielt. Ein Abendessen z. B. kann in den Badeorten im Süden deutlich teurer sein als in der Hauptstadt, bei gleicher Qualität.

Kosten im Urlaub

(durchschnittliches Preisniveau)

Café solo (Espresso)	1,20 €
Café con leche	1,50 €
Kleines Bier	2 €
Glas Wein	3 €
Belegtes Brötchen (im Café)	2,50 €
Hauptgericht (im Restaurant)	12–15 €
Stange Weißbrot	1 €
Mietwagen/Tag	30 €
1 Liter Benzin	1,10 €

Im Innenteil des Reiseführers finden Sie ADAC Spartipps für Ihren Teneriffa-Urlaub.

Gesundheit

Staatsbürger von Ländern der EU, die gesetzlich versichert sind, können mit einer **Europäischen Versicherungs-**

karte die öffentlichen Gesundheitseinrichtungen auf Teneriffa kostenlos nutzen. Jedoch entspricht die medizinische Versorgung nicht immer der von zu Hause gewohnten Qualität, auch spricht das Personal in vielen Fällen kein Deutsch oder Englisch.
Die meisten Zahnbehandlungen sowie eventuelle Rücktransporte sind nicht durch die gesetzlichen Versicherungen gedeckt. Deshalb empfiehlt es sich dringend, eine **private Reisekrankenversicherung** abzuschließen. Wer regelmäßig unterwegs ist, wählt am besten eine Jahresversicherung, so sind für einen geringen Betrag alle Risiken abgesichert.
Auf Teneriffa arbeiten viele internationale, auch deutsche Allgemein- und Fachärzte. Wer deren Dienstleistungen in Anspruch nimmt, muss zunächst selbst zahlen, kann sich den Betrag aber dann von seiner privaten Versicherung erstatten lassen.

Haustiere

Das Reisen mit Haustieren ist EU-weit geregelt. Wer nach Spanien mit einem Hund oder einer Katze einreisen möchte, benötigt einen gültigen **EU-Heimtierausweis**, der von autorisierten Tierärzten ausgestellt wird. Darin müssen die Kennzeichnung des Tieres (Mikrochip oder Tätowierung) sowie eine gültige Impfung gegen **Tollwut** (Erstimpfung mindestens 21 Tage vor Einreise, aber nicht älter als zwölf Monate) eingetragen sein.
Beachten Sie, dass Sie Ihren Hund auf Teneriffa nicht einfach an jeden beliebigen Strand mitnehmen können. An vielen Stränden herrscht ein strenges Hundeverbot. Verstöße gegen diese Bestimmungen können teuer werden.

Information

Der tinerfenische Tourismusverband, die **Tenerife Tourism Corporation**, betreibt die sehr informative Website www.webtenerife.com (auch in deutscher Sprache) und beantwortet schriftliche Anfragen (via Online-Formular). Die Kontaktdaten der lokalen Touristeninformationsbüros finden Sie im Innenteil dieses Reiseführers (Oficina de información turística, OIT).
In Deutschland, Österreich und der Schweiz stehen die Vertretungen des spanischen Fremdenverkehrsamtes bei Fragen zur Verfügung.

Turespaña (Fremdenverkehrsamt)

- www.spain.info
- Lichtensteinallee 1, 10787 Berlin, Tel. 030/882 65 43, berlin@tourspain.es, Besuchszeiten Mo–Fr 10–14 Uhr
- Reuterweg 51–53, 60323 Frankfurt/Main, Tel. 069/72 50 33, frankfurt@tourspain.es, Besuchszeiten Mo–Fr 10–14 Uhr
- Postfach 15 19 40, 80051 München, Tel. 089/53 07 46 11, munich@tourspain.es, kein Publikumsverkehr, telefonische Auskunft Mo–Fr 9–13 Uhr
- Walfischgasse 8/14, 1010 Wien, Tel. 01/512 95 80 10, viena@tourspain.es, kein Publikumsverkehr
- Seefeldstr. 19/1. Stock, 8008 Zürich, Tel. 044/253 60 50, zurich@tourspain.es, Besuchszeiten Mo–Fr 9–17 Uhr

Klima und beste Reisezeit

Teneriffa hat ganzjährig angenehme Temperaturen, im Jahresdurchschnitt ist es 23 Grad warm, das Wasser hat um die 20 Grad. Aufgrund der Passatwinde, der Meeresströmungen und der Geografie hat die Insel **verschiedene Klimazonen**. Im Süden scheint meist die

Klimatabelle Teneriffa Süd (Aeropuerto Reina Sofía)

Monat	Luft (°C) min/max	Sonne (h/Tag)	Regentage
Jan.	15/22	7	2
Feb.	15/22	7	2
März	16/23	8	2
April	16/23	8	1
Mai	17/24	8	0
Juni	19/25	9	0
Juli	20/28	10	0
Aug.	21/28	10	0
Sept.	21/28	8	1
Okt.	20/27	7	2
Nov.	18/25	7	2
Dez.	17/23	6	4

Klimatabelle Teneriffa Nord (Aeropuerto Los Rodeos)

Monat	Luft (°C) min/max	Sonne (h/Tag)	Regentage
Jan.	10/16	5	8
Feb.	10/17	5	7
März	11/18	6	7
April	11/19	7	6
Mai	12/20	7	4
Juni	14/22	7	3
Juli	16/25	8	2
Aug.	17/26	9	1
Sept.	17/25	7	3
Okt.	15/23	6	7
Nov.	13/20	5	8
Dez.	12/17	4	9

Sonne, es regnet fast nie, deshalb ist die Region bei Badeurlaubern so beliebt. Im Norden ist der Himmel oft bedeckt, es regnet nicht selten, insbesondere rund um Puerto de la Cruz. Entsprechend grün ist die Landschaft, generell bevorzugen Wanderer den Norden.

In Lagen ab 500 m über dem Meeresspiegel nehmen die Temperaturen merklich ab. Der Gipfel des Teide ist oft schneebedeckt, im Winter kann es auch am Fuße des Teide schneien.

Temperaturunterschiede von 20 Grad und mehr zwischen Küste und Gebirge sind möglich. Während in Höhenlagen die Nächte deutlich kälter sind als die Tage, unterscheiden sich Tages- und Nachttemperaturen am Meer kaum.

Hochsaison herrscht fast das ganze Jahr über: Die beliebteste Reisezeit der Nord- und Mitteleuropäer ist von Oktober bis Ostern, Festlandspanier kommen eher in den Sommermonaten, auch die Tinerfeños machen im Sommer gern Urlaub auf ihrer Insel.

Trotz der milden Temperaturen brennt die Sonne intensiv – Teneriffa liegt auf demselben Breitengrad wie Saudi-Arabien. Deshalb ist es wichtig, die Haut vor Verbrennungen zu schützen, in den Bergen und auf dem Meer sind zudem Kopfbedeckungen nötig.

Eine ganz spezielle Wetterlage ist die **»calima«**: Ostwinde bringen heiße Luft und Wüstenstaub aus der Sahara. Das kommt besonders im Sommer vor, die Luft wird dann heiß und drückend. Die »calima« hält meist nur wenige Tage an, manchmal aber auch wochenlang.

Nachtleben

Viele Tinerfeños gehen spät abends – vor allem am Wochenende – mit der ganzen Familie spazieren oder treffen sich mit Freunden in Straßencafés. Auf den Straßen und Plätzen von **Santa Cruz**, **La Laguna** und **Puerto de la**

Festivals und Events

Januar

Día de los Reyes (Heilige Drei Könige) – Der Tag, an dem die Kinder Weihnachtsgeschenke erhalten. Straßenumzüge in den Städten.

Januar/Februar

Festival de Música de Canarias – Klassische Konzerte internationaler Orchester, Ensembles und Solisten in Santa Cruz, hochkarätige Programme (www.festivaldecanarias.com).

Februar

Carnaval (Karneval) – Santa Cruz de Tenerife feiert den Karneval fast so groß, fröhlich und rhythmisch wie Rio de Janeiro, die ganze Stadt verkleidet sich und tanzt. Erster Umzug am Freitag vor Rosenmontag. Wichtigster Tag: Dienstag. Schlussumzug: Aschermittwoch. Puerto de la Cruz, Los Cristianos und andere Orte feiern den Karneval im Anschluss.

März/April

Semana Santa (Karwoche) – Büßerprozessionen in allen Städten. Die wichtigste am Karfreitag in La Laguna. Viele machen in der Woche Urlaub, oft sind Geschäfte geschlossen.

Mai/Juni

Corpus Cristi (Fronleichnam) – Kunstvolle Teppiche aus Blumen und Vulkansand zieren die Straßen und Plätze von La Orotava. Der Termin liegt jeweils eine Woche nach dem eigentlichen Fronleichnam, die Festlichkeiten dauern mehrere Tage. Eines der wichtigsten Feste Spaniens.

Juni

Fiesta de San Juan (Johannistag) – Mittsommerfest mit großen Feuern an vielen Stränden. Sehr schöne Feierlichkeiten z. B. in Puerto de la Cruz, San Andrés, Los Cristianos, El Médano und Punta del Hidalgo (Bajamar).

Juli

Fiestas del Carmen – An verschiedenen Tagen feiern Städte und Dörfer Feste zu Ehren der María del Carmen, der Schutzheiligen der Fischer und Seeleute. Mit Bootsprozessionen.

August

Fiesta de la Virgen de Candelaria (14./15. August) – Festlichkeiten zu Ehren der Schutzpatronin der Kanarischen Inseln, das wichtigste religiöse Fest auf Teneriffa. Prozessionen, Messen und Volksfest in Candelaria.

Windsurf World Cup – Eine ganze Woche werden in El Médano Wettbewerbe veranstaltet.

Dezember

Navidad (Weihnachten) – Die wichtigsten Messen finden abends bzw. nachts am 24. Dezember statt. Feiertag ist auch der 25. Dezember.

Cruz geht es dann teilweise sehr lebhaft zu. Aber auch in kleineren Orten trifft man sich abends auf Plätzen und Caféterrassen, etwa in Garachico, Adeje oder Puerto de Güímar. Diskotheken besuchen nur sehr junge Tinerfeños.
In den Touristenzentren ist die Auswahl an Bars groß. In Orten mit überwiegend britischen Gästen, wie z. B. **Puerto de Santiago**, gibt es auch Pubs und Livemusik. Viele größere Hotels haben Diskotheken, öffentliche Discos gibt es im Süden kaum.
Tipps und Ausgehadressen finden Sie im Hauptteil des Buches.

Notfall

Wählen Sie in Notfällen immer die gebührenfreie **europäische Notrufnummer 112** (unter dieser Nummer erhalten Sie Hilfe von der Polizei, Feuerwehr, einem Rettungswagen oder Notarzt). In vielen Fällen wird in der Rettungsleitstelle auch Deutsch gesprochen.
ADAC Mitglieder können sich in Notfällen rund um die Uhr an den **ADAC Auslandsnotruf** wenden, bei Unfall: Tel. 0049/89/22 22 22, bei Erkrankung/Verletzung: Tel. 0049/89/76 76 76. Bei Bedarf werden Dolmetscher vermittelt.

Öffnungszeiten

Auf den Kanarischen Inseln macht man traditionell eine **Siesta**, eine lange Mittagspause. In der Hauptstadt, in kleinen Dörfern und in anderen wenig touristischen Gebieten öffnen die **Geschäfte** Mo–Fr ca. 9.30–13 und 16.30–20 Uhr, am Samstagnachmittag und sonntags bleiben die Türen geschlossen. Große Supermärkte und Einkaufszentren öffnen sieben Tage die Woche von ca. 9 bis 22 Uhr. In den Touristenzentren sind fast alle Geschäfte täglich von früh bis spät geöffnet.
Restaurants servieren das Mittagessen zwischen 14 und 16 Uhr, das Abendessen von ca. 20 bis 23 Uhr, in manchen ländlichen Gegenden wie Garachico isst man früher zu Abend. In Urlaubsorten sind die Mittags- und Abendessenszeiten entweder erweitert (ca. 12–16 und ca. 19–23 Uhr) oder die Küchen bleiben von mittags bis nachts durchgehend geöffnet.
Öffnungszeiten von **Banken** und **Post** siehe Einträge Geld (S. 125) und Post (S. 130). Öffnungszeiten von **Kirchen** hängen insbesondere in kleinen Gemeinden manchmal von einzelnen Personen ab, die sich ehrenamtlich um Öffnung, Schließung und Beaufsichtigung der Kirchen kümmern. Die in diesem Reiseführer angegebenen Öffnungszeiten von Kirchen sind deshalb nur als Anhaltspunkte zu verstehen.

Parken

In größeren Städten und in sehr kleinen Dörfern kann es schwierig werden, einen kostenfreien Parkplatz zu finden. Öffentliche **Parkhäuser** sind dafür recht preiswert. Kostenfreie Parkplätze an der Straße sind weiß markiert. Gelbe Linien bedeuten: Parkverbot, blaue Linien: eingeschränkte Parkerlaubnis (meist gebührenpflichtig zu bestimmten Uhrzeiten, Bezahlung am Parkscheinautomaten).
Da in Mietwagen in vielen Fällen keine Parkscheiben im Handschuhfach liegen, empfiehlt es sich, eine Parkscheibe von zu Hause mitzunehmen.
Im Innenteil des Reiseführers finden Sie zahlreiche Tipps zum Parken in allen Orten, in denen Parkplätze an den Straßen rar sind.

Post

Postämter (»correos«) gibt es in allen größeren Orten, Briefmarken (»sellos«) sind auch überall dort erhältlich, wo es Postkarten gibt, also am Kiosk und in den Tabakläden. Das Porto für einen Standardbrief oder eine Standardpostkarte ins europäische Ausland beträgt 1,40 €. Postämter haben nur vormittags geöffnet (9–13 Uhr). Die **Briefkästen** der staatlichen Post sind gelb und tragen die Aufschrift »correos«.

Rauchen und Alkohol

Das Rauchen ist in öffentlichen Gebäuden sowie in Restaurants, Bars, Cafés und auf Kinderspielplätzen verboten. Da nur geringe Steuern erhoben werden, sind Alkohol und Zigaretten relativ preiswert. Eine Stange (200 Zigaretten) kostet im Durchschnitt etwa 30 €. Der Verkauf und die Abgabe von Tabak oder Alkohol an Minderjährige ist verboten. Jugendliche dürfen keinen Alkohol konsumieren.

Sicherheit

Teneriffa ist ein sicheres Reiseziel. Dennoch gilt es auf der Insel wie anderswo auch, sich vor unangenehmen Überraschungen zu schützen. Obwohl Taschendiebstähle selten sind: besser nicht viel Bargeld oder andere Wertsachen mit sich tragen, Geld, Kreditkarten und wichtige Dokumente im Hotelsafe verschließen. Dokumente, die man bei sich trägt (z. B. Führerschein, Personalausweis) am besten fotokopieren oder fotografieren. Und nichts, gar nichts im Auto lassen. Das ist das einzige Ärgernis, das öfters mal vorkommt: dass Wagen geknackt werden.

Souvenirs

Traditionelles tinerfenisches **Kunsthandwerk** wird nur noch sehr wenig produziert, und vieles, was als solches angeboten wird, stammt in Wirklichkeit aus Billiglohnländern. Das Unternehmen **Artenerife** fördert Kunsthandwerker auf der Insel und verkauft ihre Waren in mehreren Geschäften, verteilt über die ganze Insel (Adressen in diesem Buch bei den jeweiligen Orten). Auch in der Casa de las Balcones in La Orotava bekommt man garantiert tinerfenische Ware.

Sehr typisch für Teneriffa sind Stickarbeiten und Hohlsaumstickerei (Tischdecken, Servietten oder Zierdeckchen), Korbflechterei und rustikale Keramik. Aber auch junge, modische und kreative Kunsthandwerker sind auf der Insel tätig, darunter Goldschmiede, Glasbläser und Handwerker, die mit Filz arbeiten, T-Shirts bedrucken oder Taschen aus alten Planen herstellen.

In den **Shops der staatlichen Museen** wie dem Museo de la Naturaleza y el Hombre (Santa Cruz) oder der Casa de Carta (Valle de Guerra) erhält man kunstvolle Reproduktionen von Objekten der Ureinwohner, etwa kleine getöpferte Idole (Kultstatuetten).

Viele Urlauber nehmen gern **Feinkost** mit nach Hause, etwa Mojo-Soßen im Glas (Kräuter- und Paprikasoßen, die man zu Kartoffeln, Fisch und Fleisch isst) oder süße Gelees aus Bananen, Kaktusfeigen, Mangos und Papayas. Gofio, das Mehl der Guanchen, kann man in vielen Supermärkten kaufen. Natürlich sind auch die Weine der Insel oder Liköre aus Palmensaft oder Bananen sehr gut als Mitbringsel geeignet.

Die heilende und pflegende Wirkung der **Aloe Vera** ist schon lange bekannt, gerade in den letzten Jahren aber – im Zuge des »Naturkosmetik«-Trends – sind Aloe-Vera-Produkte populär geworden. Der Saft der Pflanze wirkt entzündungshemmend, antibakteriell und schmerzstillend, er lindert Verbrennungen (wie auch Sonnenbrand), Hautreizungen nach Insektenstichen, und er versorgt trockene Haut mit Feuchtigkeit. Tinerfenischer Aloe-Vera-Saft wird pur verkauft oder als Inhaltsstoff von Lotionen, Cremes und Seifen. Aber Vorsicht: Manche Creme »aus Pflanzen dieser Insel« ist in Wahrheit in China hergestellt.

Sport

Gleitschirmfliegen

Teneriffa gilt als hervorragendes Fluggebiet und hat diverse Abflugplätze. Kurse und Tandemflüge bietet **Ibrafly**, Tel. 609 54 61 92, www.ibrafly.net. Tandemflüge gibt es z. B. auch mit **Overfly**, Tel. 648 22 85 18, overflytenerife.com.

Golf

Die Insel hat acht Golfplätze – verwunderlich, wenn man bedenkt, wie trocken der Inselsüden ist (wo sich sechs Plätze befinden); verständlich angesichts des Umstands, dass es die Briten waren, die Teneriffa als Urlaubsinsel entdeckten. So oder so: Der Golfsport spielt eine große Rolle auf Teneriffa. Eine Info-Broschüre ist bei den Touristeninformationsbüros erhältlich – oder als Download unter www.webtenerife.com. Zu den acht Plätzen kommen zwei hinzu, wenn man den Kurzspielplatz »La Rosaleda« bei Puerto de La Cruz mitzählt sowie den 18-Loch-Platz auf La Gomera (auf dem man im Rahmen eines Tagesausflugs eine Runde spielen kann).

Mountainbiking

Der Sport ist auf Teneriffa noch nicht sehr verbreitet, aber im Kommen. Es existieren fünf offizielle Mountainbike-Routen (www.webtenerife.com) sowie mehrere Agenturen, die Mountainbikes verleihen und geführte Touren veranstalten, darunter **Bike Point Tenerife**, Tel. 922 17 62 73 (El Médano) oder 922 79 67 10 (Playa de las Américas), www.bikepointtenerife.com oder **Diga Sports** (Playa de las Américas), Tel. 922 79 30 09, www.diga-sport.de.

Stand Up Paddling (SUP) und Kajakfahren

Beide Sportarten sind derzeit im Aufwind. Stand-Up-Paddling-Kurse und Equiment erhält man bei den meisten Surfschulen sowie bei **Anaga Experience**, die SUP auch im Rahmen von Tagesausflügen anbietet, Tel. 690 36 90 89, https://anagaexperience.com. Der Veranstalter **Teno Activo** hat neben SUP diverse Kajaktouren im Programm, u. a. eine Tour, die an der Schlucht von Masca startet und nach Los Gigantes führt, sodass man Wandern mit Kajakfahren kombinieren kann, Tel. 922 07 05 34, www.tenoactivo.com.

Surfen

Für Wellenreiten und Windsurfen gibt es viele Spots. **El Médano** ist international schon seit Langem sehr angesagt, aber nicht für Anfänger geeignet. **Playa de las Américas** bietet gute Konditionen für Wellenreiten und Bodyboarding. Schulen und Verleihstationen sind zahlreich, Beispiele in diesem Buch bei den Ortsbeschreibungen.

Im Osten, rund um das Anaga-Gebirge, finden sich ebenfalls gute Spots für das Wellenreiten, dort muss man sein Board aber selbst mitbringen. Überall, wo man Wellenreiten kann, sind auch Kitesurfer aktiv. Eine Wassersport-Karte mit vielen Informationen und Adressen erhält man bei den Touristeninformationsbüros und als Download unter www.webtenerife.com.

Tauchen

Es gibt zahlreiche Tauchbasen, v.a. im Süden und Westen. Rund um die Insel finden sich vielfältige Unterwasserlandschaften und eine erstaunlich reiche Fauna. Da teilweise recht starke Strömungen herrschen, sollte man nur mit erfahrenen Guides tauchen. Zahlreiche Tauchzentren haben ausschließlich Landtauchgänge im Programm, das heißt, man muss sein Equipment an den Strand schleppen und hinausschwimmen, bevor man abtauchen kann. Eine gute deutsche Tauchschule, die Bootstauchgänge anbietet, ist **Pama Diving**, Tel. 671 30 45 58, www.pamadiving-teneriffa.com. Weitere Tauchschulen nennt die Wassersportkarte der Touristeninformation.

Sehr populär ist auch das Apnoetauchen, also das Tauchen ohne Sauerstoffflasche. Dafür gibt es zwei renommierte Schulen auf der Insel: **Atlantis Freediving**, Tel. 630 60 57 11, http://atlantisfreediving.com sowie **Apnea Academy West Europe**, Tel. 922 77 53 19, www.apneaacademywe.com.

Wandern

Das Netz der Wanderwege ist mehr als 1000 km lang und umfasst leichte bis sehr anspruchsvolle Routen. Offizielle, befestigte und beschilderte Wege sind mit **»PR-TF«** (Pequeño Recorrido-Tenerife, Kurzstrecke) oder **»SL-TF«** (Sendero Local-Tenerife, lokaler Weg) und einer Nummer gekennzeichnet. Eine Übersichtskarte der markierten Wege mit detaillierten Beschreibungen der beliebtesten Routen erhält man bei den Büros der Touristeninformation sowie unter www.webtenerife.com.

Nicht wenige Touristen neigen dazu, die Herausforderungen – wie etwa Steigungen, Geröll, steile Abgründe am Wegesrand oder wechselhaftes Klima – zu unterschätzen. Es gilt, die Touren gut vorzubereiten, passende Kleidung (inkl. Wanderstiefel) zu tragen, für ausreichend Getränke zu sorgen und ein Handy dabeizuhaben.

Sehr viele Agenturen und Veranstalter bieten geführte Wanderungen an. Empfehlenswert sind z. B. **Anaga Experience**, Tel. 690 36 90 89, https://anagaexperience.com; **El Cardón**, Tel. 922 12 79 38, https://elcardon.com; **Gaiatours**, Tel. 922 35 52 72, www.gaiatours.es.

Ausführliche Informationen finden Wanderer auf der Website des Tinerfenischen Bergsteigerverbandes (Federación Tinerfeña de Montañismo): www.fedtfm.es (nur auf Spanisch).

Strom und Steckdose

Das spanische Stromnetz wird wie in Deutschland mit 230 Volt betrieben. In die Steckdosen passen problemlos die üblichen Euro- und Schukostecker.

Telefon und Internet

Viele Restaurants, Hotels und Cafés bieten ihren Gästen Zugang zu einem WLAN-Netz (Spanisch: Wifi) an, in das man sich mit Kennwort einloggt. Mobile Datenverbindungen funktionieren einwandfrei, sodass man z. B. Google Maps zur Navigation nutzen kann.

Seitdem die **Roaming-Gebühren** in der EU abgeschafft wurden, gibt es für EU-Staatsbürger keinen Grund mehr, nicht das eigene Handy zu benutzen. Wer einen deutschen Mobilfunkvertrag hat, zahlt für Gespräche von Spanien nach Hause oder auch innerhalb Spaniens dasselbe wie für Gespräche innerhalb Deutschlands.

Festnetz-Telefonnummern auf Teneriffa beginnen mit 922, diese Vorwahl muss immer mitgewählt werden. Spanische **Handynummern** beginnen mit einer 6. Beim Anruf mit dem deutschen Handy bei einer spanischen Nummer die Landesvorwahl nicht vergessen!

Internationale Vorwahlen:

- Spanien 00 34
- Deutschland 00 49
- Österreich 00 43
- Schweiz 00 41

Trinkgeld

In Cafés, Bars und Restaurants sind bei gutem Service 5 bis 10 % Trinkgeld angemessen. Es ist üblich, dass die Bedienung zunächst das volle Wechselgeld auf einem Tellerchen bringt. Auf dem Teller lässt man dann das Trinkgeld liegen. Die in Mitteleuropa verbreitete Angewohnheit, der Bedienung einen Betrag zu geben und zu sagen: »Stimmt so« oder »Fünf Euro zurück, bitte«, gilt in Spanien als unhöflich.

Taxifahrer bekommen in der Regel kein oder nur sehr wenig Trinkgeld, man rundet den Rechnungsbetrag bestenfalls geringfügig auf.

Umgangsformen

Obwohl sie sich an den Anblick »seltsam« gekleideter Touristen gewöhnt haben, können sich die Einheimischen manchmal ein Lächeln nicht verkneifen, wenn Frauen im Strandkleid oder Männer in Wandersandalen durch die Städte schlendern. Tinerfeños kleiden sich gern ordentlich und stilvoll. Wer eine Stadt wie La Laguna oder Santa Cruz besucht, fällt am wenigsten auf, wenn er Kleidung wählt, die er auch im sommerlichen München, London oder Rom tragen würde.

Beim Besuch von christlichen **Kirchen** ist es angemessen, die Schultern zu bedecken und keine sehr kurzen Shorts oder Röcke zu tragen. Telefonate oder laute Gespräche werden in Kirchen nicht akzeptiert.

FKK ist an tinerfenischen Stränden unüblich. Es gibt sehr wenige Ausnahmen, etwa die Playa de Benijo bei Taganana (S. 51) oder die Playa de la Tejita südlich von El Médano (S. 108). An den Stränden, die überwiegend von ausländischen Touristen besucht werden, sonnen sich allerdings immer mehr Frauen ohne Oberteil.

Dass **Kinder** laut sind und gern herumtoben, gilt auf Teneriffa als völlig normal. Ob am Strand, im Treppenhaus der Feriensiedlung oder im Restaurant: Kinder dürfen Krach machen, und wer sich darüber beschwert, erntet verständnislose Blicke.

Gegenüber älteren Menschen verhält man sich möglichst respektvoll, lässt ihnen den Vortritt, hält die Tür auf usw.

Unterkunft und Hotels

Hotels und Urlaubsresorts

Auf der Insel gibt es drei Arten von Hotels: erstens **Stadthotels**, die sich überwiegend an Geschäftsreisende wenden, aber auch für Touristen interessant sein können (v.a. in Santa Cruz). Zweitens Hotels in **historischen Häusern** – das können alte Adelspaläste in Städten und Dörfern sein (z.B. in La

Laguna, Garachico) oder alte Gutshäuser auf dem Lande (Fincas). Die meisten dieser Unterkünfte fallen in die spanische Kategorie »casas rurales« (Ländliche Häuser). Drittens **Urlaubshotels und -anlagen**. Sie machen den größten Teil aus und befinden sich in und um Puerto de la Cruz sowie an der Westküste und im Süden.

Während früher preiswerte Häuser und Mittelklassehotels vorherrschten, setzen die Hoteliers seit vielen Jahren verstärkt auf den Luxustourismus. In der letzten Zeit sind fast nur noch Fünf-Sterne-Hotels entstanden, viele weitere sollen in den kommenden Jahren eröffnen. Auch das Segment der Hotels nur für Erwachsene ist erfolgreich und wird weiter ausgebaut.

Der Hotelstandard auf Teneriffa ist hoch, schon drei Sterne stehen für recht viel Komfort, und was auf Teneriffa vier Sterne hat, würde anderswo zum Teil fünf bekommen.

Oft ist es preiswerter, eine **Pauschalreise** mit Flug, Transfer und Hotel zu buchen als die drei Bausteine einzeln. Ein und dasselbe Hotelzimmer kann über einen Veranstalter deutlich weniger kosten als bei der Direktbuchung.

Apartmentanlagen und Ferienwohnungen

Die Auswahl an **Apartmentanlagen** ist sehr groß und wird intensiv genutzt, viele Urlauber haben gern eine eigene Küche, Wohn- und Schlafzimmer, sind aber auch froh über Gemeinschaftsanlagen (Swimmingpools usw.) und Serviceleistungen wie in Hotels. Solche Apartments bucht man am besten über Reiseveranstalter.

Sehr zahlreich und stetig wachsend ist daneben das Angebot an privat vermieteten **Ferienwohnungen**, die oft weniger kosten. Buchbar sind sie über Online-Portale wie www.fewo-direkt.de, www.casamundo.de oder www.airbnb.de. Man bedenke jedoch, dass insbesondere Airbnb-Wohnungen keiner Kontrolle unterstehen und häufig schwarz vermietet werden. Wenn Vermieter keine Steuern zahlen, nutzen die Urlauber eine Insel-Infrastruktur, zu deren Finanzierung sie nicht beitragen.

Camping

Campingplätze im nord- und mitteleuropäischen Sinne sind auf Teneriffa nicht üblich. Es gibt kleine, kostenlose Zeltplätze (teilweise ohne jegliche Infrastruktur, teilweise mit Wasseranschluss und WCs) in Bergen und Wäldern, meist in Kombination mit Grill- und Picknickplätzen. Sie werden überwiegend von Einheimischen an Wochenenden genutzt. Ein einziger Campingplatz befindet sich im Inselsüden, dort kann man auch Hütten mieten: Camping Nauta, Tel. 92278 5118, www.campingnauta.com.

Ausführliche Informationen zum Hotelangebot in den einzelnen Regionen mit Preiskategorien finden Sie am Ende jedes Kapitels dieses Reiseführers.

Verkehrsmittel auf der Insel

Busse und Straßenbahn

Öffentliche Busse heißen auf Teneriffa »guaguas«, das Busunternehmen **Titsa**. Das **Busnetz** ist sehr dicht, die Frequenz der Verbindungen hoch. Auch an entlegene Strände, in kleine Dörfer oder zur Teide-Seilbahn fahren Busse. Ebenso bedient Titsa den Busverkehr innerhalb von Santa Cruz. Einzelfahrkarten kauft man beim Fahrer, wer öfters fährt, kommt mit »Bono«-Pässen günstiger weg (siehe ADAC Spartipp S. 75). Fahrpläne aller Linien sind kostenlos an den Busbahnhöfen erhältlich, z. B. in folgenden Orten:

- Santa Cruz, Intercambiador, Avenida Victor Zurita Soler
- La Laguna, Intercambiador, Avenida Ángel Guimerá Jorge
- Costa Adeje, Estación de Guaguas, Avenida de los Pueblos 1
- Los Cristianos, Estación de Guaguas, Avenida Juan Carlos I

Mehr Infos und alle Fahrpläne auch unter www.titsa.com. Im Großraum Santa Cruz/La Laguna gibt es auch zwei **Straßenbahnlinien**, die modernen Bahnen sind die schnellste Verbindung zwischen den Zentren beider Städte. Infobüros von Metrotenerife gibt es in Santa Cruz am Busbahnhof, in La Laguna an der Avenida la Trinidad, www.metrotenerife.com.

Mietwagen

An den Flughäfen, in den Städten und Touristenzentren sind zahlreiche große internationale Autovermieter vertreten. In den meisten Fällen ist es viel preisgünstiger, Mietwagen im Voraus von zu Hause aus zu buchen (direkt bei internationalen Vermietern oder über Agenturen im Reisebüro oder im Internet), als spontan auf Teneriffa einen Wagen zu mieten. Vollkaskoversicherungen sind empfehlenswert, aber teuer. Gute Alternativen bieten Agenturen, die im Schadensfall die Selbstbeteiligung übernehmen (z. B. Sunny Cars, Auto Europe).

Taxis

Taxis sind zuverlässige und relativ preisgünstige Verkehrsmittel z. B. für Strecken innerhalb von Santa Cruz, Puerto de la Cruz oder für die Fahrt von Costa Adeje nach Los Cristianos. Ein Taxi zu rufen, lohnt sich meist nicht, besser hält man einen Wagen an der Straße an oder geht zu einem der vielen Taxistände. Auch vor Hotels warten oft Taxis, oder man bittet den Rezeptionisten schon im Voraus, einen Wagen zu organisieren. Die Preise variieren je nach Wochentag und Tageszeit. Der Grundpreis liegt bei ca. 3,50 €, der Preis pro Kilometer bei ca. 1,30 €.
Alle Taxis verfügen über Taxameter, für längere Fahrten kann man vorab einen Festpreis vereinbaren.
Die Fahrt vom Flughafen Teneriffa-Süd nach Santa Cruz kostet etwa 80 €, nach Los Cristianos etwa 35 €.

Zeitverschiebung

Teneriffa liegt in der westeuropäischen Zeitzone, es ist dort ganzjährig eine Stunde früher als in Deutschland (Winter- und Sommerzeit). Wer nach Teneriffa reist, muss seine Uhr also um eine Stunde zurückstellen.

Zollbestimmungen

Die Kanarischen Inseln gehören zwar zur EU, doch es wird weder Mehrwert- noch Genusssteuer erhoben. Deshalb dürfen auf den Inseln erworbene Produkte nur in begrenztem Maße in andere Länder eingeführt werden.
Folgende Waren darf ein Erwachsener zollfrei aus dem Urlaub nach Hause mitnehmen: 1 l Spirituosen (mehr als 22 % Alkohol) oder 2 l alkoholische Getränke mit bis zu 22 % Alkohol, 4 l nicht schäumender Wein, 16 l Bier und 200 Zigaretten sowie andere Waren im Gesamtwert von 300 €.

Die Geschichte Teneriffas

1. Jh. n. Chr. Der römische Geschichtsschreiber Plinius berichtet von einer Expedition auf die Kanaren. Damit liefert er das erste schriftliche Zeugnis über die Inseln.

14. oder 15. Jh. Ureinwohner finden eine schwarze Marienstatue am Strand. Später wird die Jungfrau von Candelaria zur Schutzheiligen aller Kanarischen Inseln.

Ab 1402 Eroberung des Archipels durch die Spanier. Teneriffa ist von Guanchen bewohnt, den neun Stammesgebieten der Ureinwohner stehen neun Menceyes vor. Ihre Kultur entspricht etwa der europäischen Steinzeit.

1496 Als letzte Kanarische Insel fällt Teneriffa der Spanischen Krone zu. Gründung der Hauptstadt La Laguna.

17./18. Jh. Wiederholt greifen britische Truppen Santa Cruz an, um Teneriffa für das Vereinigte Königreich zu unterwerfen. Als letzter wagt im Jahr 1797 Admiral Horatio Nelson eine Attacke, er erlebt eine verheerende Niederlage.

1706 Garachico wird bei einem 40 Tage anhaltenden Ausbruch des Vulkans Trevejo unter Lava begraben.

1792 Gründung der staatlichen Universität von La Laguna.

1833 Santa Cruz de Tenerife wird Hauptstadt aller Kanarischen Inseln.

Ende des 19. Jh. Puerto de la Cruz wird zum beliebten Reiseziel von Kurgästen aus Großbritannien.

1909 Letzter Vulkanausbruch auf Teneriffa (Vulkan Chinyero bei Santiago del Teide). Es gibt keine Todesopfer.

1927 Die Kanarischen Inseln werden in zwei Provinzen unterteilt, Hauptstädte sind Las Palmas de Gran Canaria und Santa Cruz de Tenerife (zuständig für die Inseln Teneriffa, La Palma, El Hierro und La Gomera).

1936 Unter Führung von Francisco Franco, Militärgouverneur der Kanarischen Inseln mit Sitz auf Teneriffa, beginnt der Spanische Bürgerkrieg. Die Putschisten erobern die spanische Kolonie Marokko und die Kanarischen Inseln, bevor sie die Iberische Halbinsel angreifen. Als Diktator regiert Franco das Land bis zu seinem Tod 1975.

Ab 1960–1970 Beginn des Badetourismus, Hotels entstehen im Inselsüden.

1971 Eröffnung der Seilbahn Teleférico del Teide bis auf 3555 m Höhe.

1973 Drei Strände mit dunklem Sand bei San Andrés nahe Santa Cruz werden vereint und mit Sahara-Sand in die Playa de las Teresitas verwandelt.

1999 Die UNESCO nimmt die Altstadt von La Laguna ins Weltkulturerbe auf.

2007 Der Parque Nacional del Teide wird UNESCO-Weltnaturerbe.

2019 Der Disney-Konzern dreht einen Marvel-Film auf Teneriffa.

Der Jungfrau von Candelaria wird eine Vielzahl von Wundern zugeschrieben

Spanisch für die Reise

Das Wichtigste in Kürze

Ja/Nein	*sí/no*
Bitte/Danke	*por favor/gracias*
Hallo!/Auf Wiedersehen!	*¡Hola!/¡Adiós!*
Guten Morgen!	*¡Buenos días!*
Guten Abend!/ Gute Nacht!	*¡Buenas tardes!/ ¡Buenas noches!*
Mein Name ist ...	*Me llamo ...*
Entschuldigung!	*¡Perdón!*
Achtung!/Vorsicht!	*¡Atención!/¡Cuidado!*
Ich verstehe Sie nicht.	*No les entiendo.*
Wie viel kostet das?	*¿Cuánto cuesta?*
Damen/Herren	*Señoras/Señores*
geöffnet/ geschlossen	*abierto/cerrado*
gestern/heute/ morgen	*ayer/hoy/ mañana*
Wie viel Uhr ist es?	*¿Qué hora es?*
Wo ist ...?	*¿Dónde está ...?*
Wie weit ist das?	*¿A qué distancia está?*
Ist das der Weg nach ...?	*¿Es éste el camino a ...?*
Nord/Süd/West/Ost	*norte/sur/oeste/este*
Ich möchte ...	*Quisiera ...*
Die Rechnung, bitte!	*¡La cuenta, por favor!*
Restaurant	*restaurante*
Auto	*coche*
Tankstelle	*gasolinera*
Super/bleifrei/ Diesel	*gasolina súper/gasolina sin plomo/diésel*
Panne	*avería*
Hilfe!	*¡Ayuda!/¡Socorro!*
Fahrrad	*bicicleta*
(Haupt)bahnhof	*estación de RENFE*
Busstation	*estación autobuses*
Flughafen	*aeropuerto*
Pass/Personalausweis	*Pasaporte/Documento Nacional de Identidad (D.N.I.)*
Bank/Geldautomat	*banco/cajero automático*
Arzt	*médico*
Apotheke	*farmacia*
Supermarkt	*supermercado*
Tourismusbüro	*oficina de turismo*

Wochentage

Montag/Dienstag	*lunes/martes*
Mittwoch	*miércoles*
Donnerstag	*jueves*
Freitag/Samstag	*viernes/sábado*
Sonntag	*domingo*

Monate

Januar/Februar	*enero/febrero*
März/April	*marzo/abril*
Mai/Juni	*mayo/junio*
Juli/August	*julio/agosto*
September/Oktober	*septiembre/octubre*
November	*noviembre*
Dezember	*diciembre*

Zahlen

1	*uno*	8	*ocho*
2	*dos*	9	*nueve*
3	*tres*	10	*diez*
4	*cuatro*	11	*once*
5	*cinco*	12	*doce*
6	*seis*	100	*cien, ciento*
7	*siete*	1000	*mil*

Hinweise zur Aussprache

c	vor ›a, o, u‹ wie ›k‹, Bsp.: casa, caja
c	vor ›e‹ und ›i‹ ähnlich dem englischen ›th‹, Bsp.: gracias
ch	wie ›tsch‹, Bsp.: leche
g	vor ›e‹ und ›i‹ wie ›ch‹, Bsp.: gente
gue, gui	wie ›ge, gi‹, also mit stummem ›u‹, Bsp.: guitarra, guiso
h	ist immer stumm, Bsp.: hombre
j	wie ›ch‹, Bsp.: jamón
ll	wie ›lj‹, Bsp.: tortilla
ñ	wie ›nj‹, Bsp.: niño

Alle Blickpunkt-Themen in diesem Band:

Register

Bildnachweis
Titel: Playa de las Teresitas bei San Andrés im Nordosten Teneriffas
Foto: **Shutterstock.com** (Olena Tur)
Rücktitel: links: **Jahreszeiten Verlag** (G. Lengler), rechts: **stock.adobe.com** (JFL Photography)

Alamy Stock Photo: imageBROKER 62/63 – **Bildagentur Huber:** R. Schmid 5.2, 28, 79, 100; A. Piai 32/33; J. Richter 81 – **El Rincón de Juan Carlos:** 12.2 – **Hard Rock Hotel Tenerife:** 111 – **Hotel Rural Finca Salamanca:** 59 – **imago-stock.com:** imagebroker 89; OceanPhoto 113.1 – **Jahreszeiten Verlag:** G. Lengler 17 – **laif:** P. Royer/Gamma-Rapho 144.1 – **Lookphotos:** T. Stankiewicz 12.1, 54 – **mauritius images:** K. Neuner 10.2, G. Balfour Evans/Alamy 12.3, P. Forsberg/Shopping/Alamy 13.3, imageBROKER/U. Kraft 27, islandstock/Alamy 46, A. Victor/Alamy 72, M. Bilbao Gorostiaga- Travels/ Alamy 74, hotelpix/Alamy 83, age fotostock/J. C. Muñoz 86, R. Hamilton/Alamy 97.2, M. A. Doe/Alamy 106, H.-P. Merten 120, Westend61/W. G. Allgöwer 136, J. Legge/Alamy 144.2, imageBROKER/I. Schulz Klappe vorne.1 – **Shutterstock.com:** B. Lyjak 5.1; O. Tur 6.1; Neirfy 6.2, 8/9, 11.3; sonnenflut products 6.3; P. Kazmierczak 7, 43, 61.1, 78, 95; D. Eagle Orlov 9; S. Rodriguez 11.2, 13.1; K. Eaves 14/15; A. Trejo 18/19; nito 25, 114; P. Lange 31, 128; MarKord 37; Olga_Anourina 38; S. Aznar 40; GagliardiImages 44, 93; T. Popova 50, 52, 113.3; K. Kozlowski 56/57, 85.3; phortun 61.2; rob3rt82 67; Betelgejze 68/69; A. Polo 71; P. Bird 85.1; GracefulFoto 85.4; darios 97.1; N. Alexander 99; A. Todorovic 103; Pecold 104; underworld 109; Ninafotoart 113.2; Maridav 119; P. Lange 128 – **stock.adobe.com:** JFL Photography 4/5; S. Rodríguez 49; vallefrias 51; C. Musat 55; Manfred 76; A. Lurye 88; daliu 90

Herausgeber: GRÄFE UND UNZER VERLAG GmbH, Postfach 86 03 66, 81630 München
Leitender Redakteur: Benjamin Happel
Autorin: Nele-Marie Brüdgam
Verlagsredaktion: Gernot Schnedlitz, Silke Tauscher, Nadia Terbrack
Redaktion und Satz: Ewald Tange, tangemedia, München
Bildredaktion: Iris Kaczmarczyk, Dr. Nafsika Mylona
Reihengestaltung: Independent Medien Design, Horst Moser, München; Eva Stadler, München
Kartografie: Huber Kartographie GmbH, www.kartographie.de; Kunth Verlag GmbH & Co. KG, München
Herstellung: Mendy Willerich
Druck + Bindung: Drukarnia Dimograf Sp z o.o. (Polen)

Ansprechpartner für den Anzeigenverkauf:
KV Kommunalverlag GmbH & Co. KG, MediaCenter München, Tel. 089/928 09 60

Bei Interesse an maßgeschneiderten B2B-Produkten:
roswitha.riedel@graefe-und-unzer.de

GRÄFE UND UNZER

Ein Unternehmen der
GANSKE VERLAGSGRUPPE

ISBN 978-3-95689-721-4
1. Auflage 2020

Leserservice
adac@graefe-und-unzer.de
Tel. 00800/72 37 33 33 (gebührenfrei in D, A, CH)
Mo–Do: 9–17 Uhr, Fr: 9–16 Uhr

Aus Gründen der besseren Lesbarkeit wird in diesem Buch bei Personenbezeichnungen das generische Maskulinum verwendet. Es gilt gleichermaßen für alle Geschlechter.

Unterwegs auf Teneriffa

Mietwagen

Teneriffas Straßennetz ist sehr gut ausgebaut. Die Inselbewohner haben im Allgemeinen einen angenehmen Fahrstil und nehmen Rücksicht auf Mietwagenfahrer, die sich nicht auskennen. Zu einer Herausforderung können Serpentinen und Fahrten durch die Wolken werden. Die Insel ist mautfrei, Benzin günstig.

■ Details auf S. 123 und 135

Öffentliches Busnetz

Die Verbindungen sind hervorragend, Busse des Unternehmens Titsa fahren in alle Orte der Insel, auch in kleine Dörfer, zu fast allen Stränden und in den Nationalpark.

■ Details auf S. 134

Taxi

Alle Taxis haben Taxameter, sind seriös und nicht teuer. Für Fahrten in den Städten und dem Touristengebiet im Süden sind sie gut geeignet.

■ Details auf S. 135

Organisierte Touren

Überall bieten Agenturen geführte Ausflüge an: Bootstouren, Busrundfahrten, Wanderungen und mehr. Qualität und Preise variieren stark. Verlässlich hochwertige Touren veranstaltet Volcano Teide, weitere empfehlenswerte Anbieter listet die offizielle Tourismus-Website.

■ Details unter www.volcanoteide.com/de und www.webtenerife.de

Mobil mit Handicap

Barrierefrei sind mehrere Strände, die fast 10 km lange Promenade im Süden, diverse Aussichtspunkte und manche Wanderwege. Auch zahlreiche weitere Einrichtungen nehmen Rücksicht auf Rollstuhlfahrer.

■ Details auf S. 124